Helmut Vester

Als Birkenfeld noch
ein Flecken war

Illustriert von Ulrich Ludwig

Dank möchte ich sagen:

den Schülerinnen und Schülern wie auch ihren Lehrerinnen, die mich für das Buch „Als Birkenfeld ein Flecken war" inspiriert haben;

meinem Freund Ulrich Ludwig, der mich in diesem Plan bestärkt und ihn als Illustrator sowie als Layouter erst ermöglicht hat;

meiner Frau Johanna, die Korrektur gelesen und manchen Tipp gegeben hat;

allen, die mit Rat, mit Wissen (Ortsgeschichte Engelhardt) und mit Abbildungen zum Gelingen beigetragen haben.

Helmut Vester

© Dr. Helmut Vester, 75217 Birkenfeld
Zeichnungen und Layout: Dr. Ulrich Ludwig, Pforzheim
Herstellung und Verlag: BoD – Books on Demand, Norderstedt
ISBN 978-3-7357-8533-6
Printed in Germany 2014

Helmut Vester

Als Birkenfeld noch ein Flecken war

Illustriert von Ulrich Ludwig

*Ein Buch für Kinder, Jugendliche
und Junggebliebene*

Hauptstraße bei der Kreuzung Kirchweg-Mühlweg

Inhaltsverzeichnis

Teil 1
Ein Rundgang mit Wissensdurstigen der Klasse 4

Teil 2
Wie die Birkenfelder lebten

Teil 3
Gute Zeiten – schlechte Zeiten
Durch die Jahrhunderte

Wie es zu dieser „Geschichte Birkenfelds" kam

Es war einmal ein wunderschöner Tag. Mit einer Klasse 4 der Friedrich-Silcher-Schule machten wir im Jahr 2012 einen Rundgang durch den Ort. Gänge mit Klassen der Ludwig-Uhland-Schule folgten später.

Kaum etwas Historisches, das sich auf dem Wege bot, ließen wir aus. Schülerinnen und Schüler beteiligten sich eifrig und motivierten mich, den Rundgang zur Grundlage dieses Buches zu nehmen (Teil 1). Dankbar erwähne ich diese Motivation.

Für die Gespräche wählte ich nur drei Mädchen und drei Jungen aus; etwa so viele hatten sich mit Fragen und Erklärungen aktiv beteiligt. Die Namen sind jedoch frei gewählt. Was Schüler fragen oder sagen, erscheint in ,,Schrägschrift" (Kursive).

Einige besonders wichtige Fragen konnten auf dem Rundgang nicht ausführlich besprochen werden: In welchen Häusern wohnten die Birkenfelder und wie lebten sie in früheren Jahrhunderten? Antworten auf diese Fragen findet man in Teil 2. In diesen beiden ersten Teilen sind 8 Fragen zum Text eingefügt; die Antworten stehen am Schluss des Buches.

Es sollte aber auch die Geschichte Birkenfelds in einem knappen Überblick dargestellt werden. Teil 3 versucht diese Aufgabe zu lösen; es stellt einen Streifzug durch die Jahrhunderte dar. Die großen Zeiträume bekommen eine Überschrift – eben etwas historisch Bedeutendes aus jeweils hundert Jahren.

Beim Rundgang konnten nicht alle wichtigen Themen ausführlich besprochen werden. Einzelheiten dazu sind – auch in Teil 2 und 3 – als Sonderabschnitte eingestreut. Sie sind grau *unterlegt und kursiv gedruckt. Wichtig ist, dass man sie jederzeit überspringen kann, wenn man Genaueres gar nicht oder erst später lesen möchte. Kursiv eingestreut sind auch Geschichten, Legenden, Hirngespinste, Originale, Spitznamen und Ähnliches.*

Die Lektüre dieses Buches kann sich auch für Erwachsene lohnen, wenn man mehr Einzelheiten über Birkenfeld wissen will. Es kann sogar als Führer durch die Ausstellung im Historischen Rathaus dienen.

Alles klar? Keineswegs. Ich gestehe nämlich, dass ich das Buch nie zu Ende gebracht hätte, wenn mein Freund, Ulrich Ludwig, mich nicht bestärkt hätte, weiterzuarbeiten. Besser noch; er versprach mir sozusagen, alle Aufgaben, die nach dem Schreiben kommen, zu übernehmen: Wichtiges zu fotografieren und zu zeichnen sowie Texte und Illustrationen miteinander zu verbinden – also das sogenannte Layout herzustellen. Ich kann Euch sagen, eine Heidenarbeit! Umso dankbarer bin für seine Mitarbeit, und wir haben jetzt einen Autor und einen Illustrator dieses Buches.

Teil 1

Ein Rundgang mit Wissensdurstigen aus der Klasse 4

Von der Silcherschule bis zum Kirchweg

Was für ein schöner Morgen heute! Blauer Himmel, nicht zu heiß, richtiges Wetter für einen Gang durch den Ort und entlang seiner Grenze. Hanna, Ulrike, Renate, Leon, Mehmet und Matthias aus der Klasse 4 stehen vor der Silcherschule. Hier wollen wir einen historischen Rundgang beginnen. Ihr könnt alles fragen, was euch interessiert, und ihr dürft beitragen, was ihr selbst schon wisst. Aber zunächst klären wir ein paar nahe liegende Fragen:

Wie alt ist eigentlich euer Schulhaus? Wann ist es erbaut worden? Wisst ihr das?

Einiges Zögern, doch die Zahl 1890 fällt.

Ja, diese Zahl stimmt. Euer Schulhaus ist 1890 erbaut worden. Wie alt ist es also heute, im Jahr 2012?

Leon: „Das ist doch leicht: 122 Jahre."
Renate: „Und wie ist das mit der Turnhalle? Die gehört doch auch zur Schule, oder?"

Schild an der Friedrich-Silcher-Schule

Ja, natürlich. Die Turnhalle gehört dazu. Aber das Gebäude hinter der Turnhalle war früher auch Schulhaus. Heute ist der katholische Kindergarten dort untergebracht. Die Turnhalle und das Gebäude dahinter sind 101 Jahre alt. Wann also gebaut?

Schnelle Antwort: „1911".

So hätte also im Jahr 2011 die Turnhalle und das Gebäude dahinter eine 100-Jahrfeier verdient gehabt. Aber die gab es nicht; immerhin stand ein Artikel in der Zeitung. Doch euer Schulhaus ist schon über 120 Jahre alt."

Mehmet meldet sich: „Was war denn vorher hier?"

Vorher? Nichts! Na ja, nichts, das stimmt natürlich nicht ganz. Vorher war da einfach ein Stück Land: Wiese oder Acker, Bäume, aber kein Haus.

„Es gab doch aber schon Häuser", meldet sich Ulrike zu Wort, „ich glaub, 44 sollen es gewesen sein."

Das ist richtig. Seit es den Ort Birkenfeld gab, gab es natürlich auch Hütten und später Häuser, aber nicht hier, wo heute das Schulhaus steht. Die Menschen, die zuerst in unserem Ort wohnten, brauchten etwas ganz, ganz Wichtiges zum Leben – Wasser. Und da, wo wir jetzt stehen, gab es kein Wasser. Weiter im Ort, am heutigen Marktplatz, da floss der Dorfbach; den gibt es heute nicht mehr. Dort am Wasser konnte man seine Hütten bauen. Hier, wo wir stehen, war einfach Land.

Wenn wir jetzt losmarschieren, werde ich euch beim nächsten Halt zeigen, wo das alte Dorf Birkenfeld mit seinen 44 Häusern anfing – oder endete, wie man es betrachtet. Hinter jedem Haus war ein Stück Land, das zu dem Haus gehörte: der Garten. Das

Gebiet, in dem alle Häuser zusammen mit ihren Gärten standen, hatte eine Grenze mit einem Zaun. Diese Grenze nannte man Etter und der Zaun hieß Etterzaun. Die Namen sind heute fast vergessen. Vom Etter erzähle ich später, wenn wir zu der ehemaligen Dorfgrenze kommen.

Bevor wir weitermarschieren, noch eine andere Frage: Wie viele verschiedene Straßen sieht man von hier aus?

Kurzer Rundblick: „Fünf."

Und wie heißen die? Es gibt ja Straßenschilder, die helfen:

Die Aufzählungen fallen schnell: „Hauptstraße, Goethestraße, Bergstraße, Bahnhofstraße, Silcherstraße."
Matthias: „Ja, und welche Straße hier ist die älteste?"

Gute Frage. Die älteste Straße ist die Hauptstraße; nur hatte sie damals einen anderen Namen. Sie hieß Gemeine Gasse. Und die Straße hieß immer noch so, als eure Urgroßeltern oder Ururgroßeltern lebten.

Hanna: „Aber welche von den vier anderen Straßen wurde zuerst gebaut?"

Die älteste von diesen vieren entstand 1866. Welche es war, könnt ihr ja nicht wissen, aber ihr könntet es erraten. Ich geb' euch einen Tipp. Diese Straße brauchte man ganz dringend, wenn man aus Birkenfeld verreisen wollte, etwa nach Wildbad, nach Pforzheim, nach Stuttgart oder gar ganz weit fort nach Hamburg. Auch heute benützt man sie noch zu diesem Zweck. Also? Was meint ihr jetzt?

„Bahnhofstraße, Bahnhofstraße!"

11

Ja, und die baute man, weil man eine richtige Straße zum Bahnhof brauchte. Auf einem nassen Feldweg hätte man sich ja dreckige Schuhe geholt. So konnte man doch nicht verreisen. Deshalb eine Bahnhofstraße zum Bahnhof.

Zeitreise Nr. 1 - Der Bahnhof

Zu Fuß nach Pforzheim

Wer vor vielen, vielen Jahren etwas in Pforzheim zu schaffen hatte, ging zu Fuß über das Lachenwäldle. Wer nach Neuenbürg musste, ging den Burgweg hinauf und dann durch den Wald über den Riekertswasen nach Neuenbürg. Die heutige Bundesstraße im Enztal besteht erst seit 1861.

Nun gingen seit etwa 1850 immer mehr Birkenfelder und Birkenfelderinnen nach Pforzheim und arbeiteten dort in den Schmuckwarenfabriken – als Goldarbeiter und Polisseusen. Alle gingen zu Fuß. Man nannte diese Leute Rassler. Und von Jahr zu Jahr marschierten immer mehr Goldarbeiter aus Birkenfeld und dem ganzen Enztal nach Pforzheim ins Geschäft.

Es gab schon eine Eisenbahnlinie von Pforzheim nach Karlsruhe und nach Stuttgart. Da dachte man, eine Bahn von Wildbad nach Pforzheim wäre als Anschluss nicht übel und die vielen Goldarbeiter könnten dann mit der Eisenbahn ins Geschäft fahren. Also baute die württembergische Regierung 1868 die Enztalbahn und 1874 die Nagoldtalbahn, dazu auch einen eigenen Kopfbahnhof – aber neben (!) dem Pforzheimer Hauptbahnhof.

Rassler unterwegs

Birkenfeld erhält einen Bahnhof

Der Ort Birkenfeld war ja weit weg vom Enztal. Die Birkenfelder wollten natürlich auch einen Bahnhof haben. Sie bekamen ihn – aber nur unter der Bedingung, dass eine Straße zur Bahnstation gebaut würde. Am 1. Juni 1868 dampfte das erste Zügle von Pforzheim nach Wildbad. An jedem Arbeitstag „rasselten" dann mehrere hundert Goldarbeiter frühmorgens die Bahnhofstraße hinunter, und mancher Spätaufsteher erreichte gerade noch den letzten Wagen. Der Zug – das war eine große Erleichterung für die vielen, vielen Arbeiter von hier.

Im Bahnhof wohnte der Birkenfelder Bahnhofsvorsteher – bis 1. Oktober 1978. Danach blieb der Bahnhof unbesetzt. Es fuhren aber noch Schienenbusse.

Frage 1: *Und heute? Wie steht es heute mit Bahn und Bahnhof?*

13

Zum Kirchweg

So, und jetzt marschieren wir weiter zu unserem ersten Haltepunkt. Keine fünf Minuten später stehen wir fast an der Stelle, wo vor vielen Jahren die Birkenfelder Häuser endeten – oder anfingen. Wir sehen uns zuerst die drei Straßen und ihre Namensschilder an. Es sind alles uralte Wege.

Viele Meldungen: „Hauptstraße, Kirchweg!"

Karte nach einer Beschreibung von 1527

14

Weiter, noch eine Straße!

„Raiffeisenstraße."

Fangen wir mit der Hauptstraße an. Wir hatten bei der Schule schon gesagt: Das ist die älteste Straße im Flecken. Sie hatte auch zunächst einen anderen Namen. Ihr erinnert euch?

Natürlich wissen sie ihn noch und rufen durcheinander: „Gemeine Gasse, Gemeine Gasse."

Ulrike: „Aber ist das nicht ein komischer Name? Gasse, nicht mal Straße! Und dazu noch gemein!"

Ja, Gasse ist halt das alte Wort für eine Dorfstraße.

Matthias: „Aber warum hieß denn die Hauptstraße gemein? Das ist doch doof."

Klar, die Frage ist schwer. Aber ihr wisst ja, wie das ist, wenn jemand einem anderen ein Bein stellt – das ist gemein. Bloß: „Gemeine Gasse" hat damit wenig zu tun. Es bedeutet eigentlich „Allgemeine Gasse". Das heißt: Alle dürfen sie benützen. Es gibt ja auch private Wege, die nicht jeder gehen darf. Die Gemeine Gasse ist aber eine Gemeindestraße – eben für jeden. „Gemein" kommt ja auch in dem Wort „Gemeinde" vor. Die Gemeinde soll für alle da sein. Wir dürfen aber nicht denken, die Gemeine Gasse wäre ein schöner, vielleicht geteerter Weg gewesen. Geteerte Straßen gab es ja zu so frühen Zeiten nicht. Bei Gasse müsst ihr an einen Feld- oder Waldweg denken. Ihr wisst doch, wie so ein ungeteerter Feldweg aussieht?

Hanna: „Ja, oft dreckig und mit Löchern!"

Ja, so etwa. Furchen und Löcher von den Fuhrwerken, aber auch riechende Hinterlassenschaften von Kühen, manchmal auch von Gäulen – Kuhfladen und Pferdeäpfel.

So viel also zur Hauptstraße.

Der Kirchweg und die Kirche

Jetzt kommt der Kirchweg dran: Das ist auch eine uralte Straße. Wahrscheinlich so alt wie die Gemeine Gasse. Wer kann mir sagen, warum die Straße Kirchweg heißt?"

„Ha ja, weil hier die Kirche steht, das ist doch klar!" – so die Antworten.

Die Erklärung klingt einleuchtend. Auch Erwachsene geben meistens diese Antwort. Sie ist aber falsch. Jetzt verrate ich euch etwas: Die Kirche ist 1490 gebaut worden. Da standen aber schon die 44 Häuser oder mindestens die meisten davon. Der Kirchweg ist viel, viel älter als die Kirche. Etwas kann an eurer Erklärung also nicht stimmen!

Ein Lösungsversuch von Ulrike: „Dann muss es vorher eine andere Kirche gegeben haben."

Keine üble Antwort. Es hat tatsächlich vor 1490 eine andere Kirche gegeben, aber nicht in Birkenfeld. Die andere Kirche stand in Brötzingen. Und dahin mussten unsere Vorfahren marschieren, wenn sie zum Gottesdienst gingen. Und wenn sie nach Brötzingen liefen oder fuhren oder gar ritten, gingen sie hier den Kirchweg hinab, und so entstand der Name „Kirchweg": Weg zur Kirche.

Auch die Toten wurden nach Brötzingen gebracht, denn seit es Kirchen gab, begrub man die Toten auf dem Kirchhof – man sagte auch: auf dem Friedhof. So mussten die Birkenfelder ihre Toten an der Martinskirche in Brötzingen bestatten. Autos besaß man damals natürlich noch keine, aber die Bauern hatten ja Kühe oder Ochsen im Stall. So luden sie den Sarg auf einen Leiterwagen, den eine Kuh oder ein Ochs zog, und transportieren ihn nach Brötzingen. Der Leichenzug fuhr ein Stück weit den Kirchweg hinunter, bog nach links ab zur heutigen Kreuzstraße, dann zum Lachenwäldle und weiter zur Kirche nach Brötzingen. Zu der Kreuzstraße sagte man deshalb früher auch Totenweg.

Jetzt schieben wir an dieser Stelle die Zeitreise Nr. 2 mit zwei Fortsetzungen ein: Wer mitreisen will, erfährt ganz genau, wie das mit dem Kirchweg und der Birkenfelder Kirche war.

Zeitreise Nr. 2 – Die Kirche

Birkenfeld besitzt noch keine Kirche

Vor vielen Jahrhunderten entstanden in unserer Gegend die ersten Kirchen. Zu diesen Kirchen gehörten die Altstadtkirche in Pforzheim und St. Martin in Brötzingen. Eine Ansiedlung mit nur wenigen Bewohnern besaß keine eigene Kirche, aber die Menschen waren Christen und wollten auch zu einer Kirche gehören. So mussten sie in eine zentral gelegene Kirche gehen. Das war in der frühen Zeit meistens eine Martinskirche. Zur Brötzinger Martinskirche gehörten anfangs über zehn Weiler oder kleine Dörfer: Weißenstein, Büchenbronn, Unterreichenbach, Engelsbrand, Grunbach, Salmbach, Kapfenhardt, Langenbrand, Waldrennach, Neuenbürg und auch Birkenfeld. Die Birkenfelder mussten also nach Brötzingen zu Fuß in die Kirche, sonntags zur Messe, zur Hochzeit und zur Taufe, auch bei Beerdigungen, auch mal unter der Woche zum Beten.

Endlich fällt der Marsch nach Brötzingen weg

Bei jedem Wetter von Birkenfeld nach Brötzingen zu laufen war oft beschwerlich, aber die Kapfenhardter hatten es ja noch viel weiter als die Birkenfelder. Auch die Neuenbürger mussten weiter marschieren als unsere Vorfahren. Deshalb bekamen sie auch schon 1393 eine eigene Kirche. Neuenbürg war ja schließlich die Amtsstadt und Birkenfeld ein bescheidener Flecken.

Birkenfeld musste dann hundert Jahre länger als die Neuenbürger auf eine Kirche warten. Aber zwei Jahre nach den Neuenbürgern bekamen sie wenigstens eine kleine Kapelle; die hieß Marienkapelle. In dieser Kapelle las ein Vertreter des Brötzinger Pfarrers einmal in der Woche bei Tagesbeginn eine Messe für die Bauern, das war die sogenannte Frühmesse, und den Vertreter des Pfarrers nannte man deshalb Frühmesser.

Aber alles andere – Sonntagsgottesdienst, Hochzeit, Taufe, Bestattung – fand für die Birkenfelder immer noch in Brötzingen statt. Erst 1490 bekam der Flecken Birkenfeld die eigene Kirche – und um die Kirche herum den Friedhof.

Kirche von 1490 in einer Rekonstruktion

Zeitreise Nr. 2 (Fortsetzung)

Die Stiftung der ersten Birkenfelder Kirche

Ihr wollt bestimmt wissen, wer die Kirche gebaut und wer sie bezahlt hat. Das ist eine eigenartige Geschichte. Kirchen brauchten früher einen Stifter, heute würde man wahrscheinlich Sponsor sagen. Der Stifter gab Geld zur Gründung einer Pfarrei. Die Birkenfelder bekamen 1490 eine solche Stiftung „geschenkt." Und jetzt kommt das Besondere: Der Stifter stammte nicht aus Birkenfeld, aber auch nicht aus Pforzheim. Der wohnte weit weg von hier: in Nürnberg. Er hieß Hans von Haslach, und er gab das notwendige Geld für die Gründung einer Birkenfelder Pfarrei.

Aber wir wissen nicht im Geringsten, wieso dieser Nürnberger Bürger an die Birkenfelder in ihren 44 Häusern dachte. Was trieb ihn an, 50 Pfund württembergisches Geld gerade für eine Birkenfelder Pfarrei zu stiften? In dem Stiftungsbrief steht, dass ihn die Birkenfelder dauerten, weil sie in „Schnee, Regen, Hagel, Wind und anderem Unwetter" zur Kirche nach Brötzingen gehen mussten. Außerdem sei er schon alt und er wolle angesichts des näher gerückten Todes eine gute Tat vollbringen.

Hans von Haslach starb erst 17 Jahre später, aber Birkenfeld hatte jetzt seine Kirche!

Eine neue Kirche (1828)

Das war 1490. Die Zeit ging jedoch weiter. Das Kirchlein litt manchmal unter Unwettern. Im Dreißigjährigen Krieg wurde es ausgeraubt. Es bekam natürlich auch Kirchenglocken. Doch französische Soldaten holten im Krieg die Glocken herunter und beschädigten dabei das Dach. Also musste man wieder neue Glocken anschaffen.

So wurde das Kirchlein alt und älter – und allmählich für Birkenfeld zu klein. Die Einwohnerzahl war im Lauf der Jahrhunderte gewachsen.

Der bekannte Pfarrer Heinrich Christlieb klagte: „Unter den öffentlichen Gebäuden ist die Kirche das schlechteste. Am nordöstlichen Ende des Dorfes steht einer alten Kelter gleich die kleine steinerne Kirche mit ihrem jämmerlichen Turmhäuschen." Also musste man an der gleichen Stelle eine neue, größere Kirche bauen – das geschah im Jahr 1828.

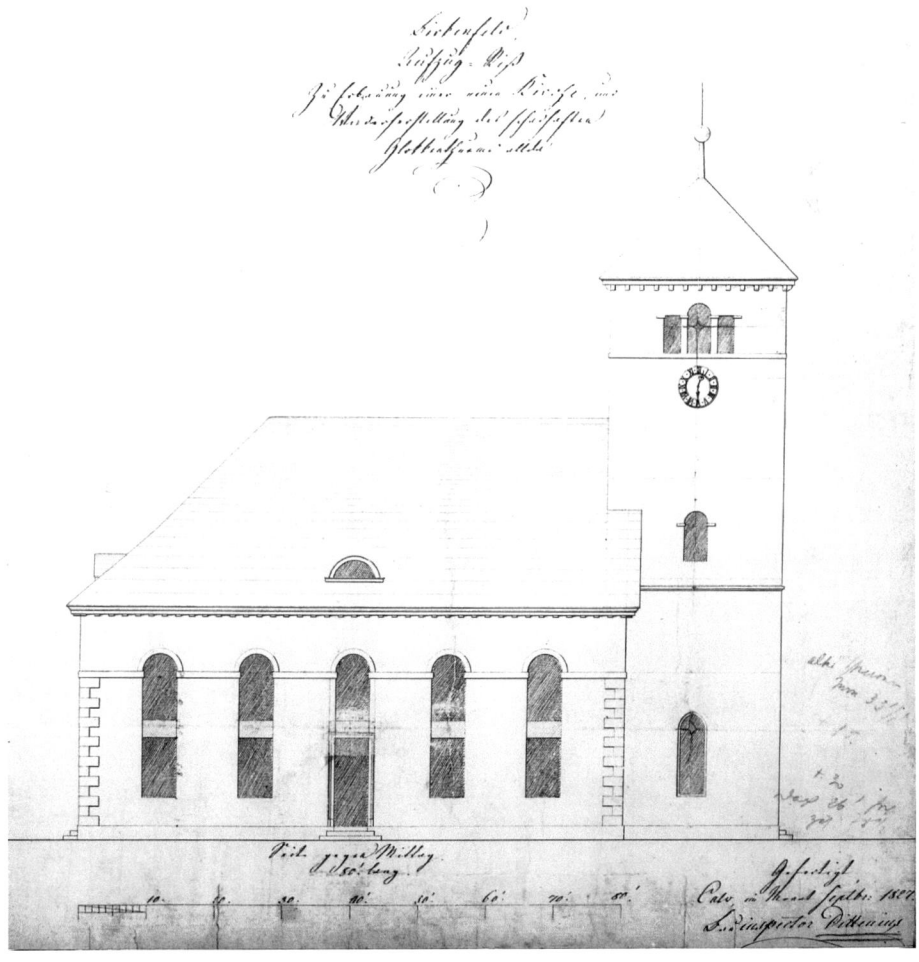

Kirche von 1828

Die neue Kirche brennt ab (1875)

Die Birkenfelder waren stolz auf ihren modernen Bau, und der Dekan lobte: „Die Kirche entspricht allen Erwartungen, da das Ganze, besonders auch der Turm, in einem edleren Stil gebaut ist und nun der ganzen Gegend zur Zierde gereicht."

Keiner der Birkenfelder dachte, dass diese herrliche Kirche noch nicht einmal fünfzig Jahre alt würde. Am 12. August 1875 brach spätabends in einer nahen Scheune ein Feuer aus. Die Kirchenglocken läuteten Sturm. Dieses Feuer breitete sich ganz schnell aus und griff auf verschiedene Gebäude über – auch auf die neue Kirche. Bis auf Reste der Außenmauern brannte sie völlig aus. Jetzt stand man plötzlich ohne Kirche da! Doch in rund 16 Monaten baute man sie wieder auf – fast genau wie die abgebrannte Kirche.

Und genau diese wieder aufgebaute Kirche ist unsere heutige Kirche! Einige Änderungen und Verschönerungen hatte man angebracht, vor allem baute man den Kirchturm so hoch, wie wir ihn heute haben. Am 12. November 1876 konnte man die Kirche einweihen. Sie steht immer noch. Und das ist unsere heutige Kirche.

Wer die Zeitreise Nr. 2 noch zu Ende machen will, erfährt Genaueres über die Geschichte der heutigen Kirche. Herzliche Einladung dazu.

Die katholische Kirche St. Klara an der Daimlerstraße steht dort seit 1960, doch eine kleine katholische Gemeinde bestand schon seit dem späten 19.Jahrhundert.

Frage 2: *Man sagt, in früheren Zeiten seien die Kirchenglocken wichtiger gewesen als heute. Warum eigentlich?*

Heutige Kirche

Zeitreise Nr. 2 (Fortsetzung)

Die heutige Kirche

Unsere heutige evangelische Kirche ist also im Grunde immer noch die 1876 eingeweihte Kirche. Sie hat seitdem manche Änderungen erfahren. Im Ersten Weltkrieg (1914-1918) musste sie zwei von den drei Glocken abgeben und nach dem Krieg neue kaufen – und im Zweiten Weltkrieg (1939-1945) passierte das gleiche Theater noch einmal. 1954 schaffte man wieder die zwei fehlenden Glocken an und seit 2009 haben wir ein Geläute aus fünf Glocken.

Die Menschen in Birkenfeld spendeten immer viel Geld für die Anschaffung neuer Glocken. Zwischen 1876 und heute musste das Kirchengebäude mehrmals „überholt" werden; „renovieren" sagt man dazu. So erhielt die Kirche 1954 ein Altarbild (geschaffen von dem damals bekannten Kirchenmaler Rudolf Yelin) und 1968 den goldenen Gockel. Den Kirchturm hatte nämlich ein Sturm, der schreckliche Tornado vom 10. Juli 1968, stark beschädigt. Die jüngste Renovierung, die das Kircheninnere sehr verschönert hat, fand 2005 statt.

Die Raiffeisenstraße und die Mühle

Aber jetzt sind wir mit unserer Kreuzung noch nicht ganz fertig. Wir sagen die Namen der drei Straßen noch einmal auf:

„Gemeine Gasse, Kirchweg, Raiffeisenstraße."

Also jetzt zur Raiffeisenstraße. Warum heißt sie so? Aber das könnt ihr ja eigentlich gar nicht wissen.

Mehmet weiß etwas: „Da hinten steht doch eine Sparkasse. Heißt die nicht Raiffeisenbank?"

Ja, sie heißt so. Nach der Bank heißt diese Straße – aber erst in unserer Zeit! [Jetzt Volksbank.] Ich muss euch nämlich sagen, vor noch nicht allzu vielen Jahren hatte die Straße einen ganz anderen Namen. Die hieß Mühlweg. Den Namen Raiffeisenstraße erhielt sie erst 1972. Damals kam nämlich Gräfenhausen zu Birkenfeld und die Gräfenhäuser hatten auch einen Mühlweg. Deshalb musste einer der beiden Namen weichen.

Renate fragt. „Warum konnten nicht beide Straßen ihre Namen behalten?"
Matthias weiß die Antwort: „Dann weiß doch der Briefträger nicht, wo er den Brief einwerfen soll!"

Richtig, in einem Ort darf es zu einem Namen nur eine einzige Straße geben; das ist sogar in Berlin so. Also musste ein Mühlweg weichen.

Hanna: „Aber warum gerade Birkenfeld? Wir sind doch größer als Gräfenhausen!"

Vielleicht könnte man sagen: Der Größere gibt eben nach!

Mehmet: „Aber warum hieß diese Straße überhaupt Mühlweg?"

Ulrike: „Ha ja, da gab es doch eine Mühle."

Renate: „Ja, wo denn?"

Schweigen.

Das könnt ihr ja nicht wissen; die Mühle findet man nämlich schon lange nicht mehr. Sie stand einst unten an der Enz.

Matthias wundert sich und fragt: „So weit weg vom Dorf? Warum denn das?"

Ja, warum so weit weg?

Hanna weiß es: „Klar, unten an der Enz. Wahrscheinlich hatte die Mühle ein Mühlrad, und das wurde mit Wasser angetrieben."

Ja, richtig. Und was macht man in einer Mühle?

„Holz sägen und Mehl machen."

So ist es, es gibt Sägemühlen und Mahlmühlen. Unsere Mühle war eine Mahlmühle. Was hat man also gemahlen?

„Mehl! Mehl!"

„Ja, Mehl ist draus geworden, aber aus welchem Material?"

„Aus Korn!"

Sehr gut.

„Und wer hat das Korn in die Mühle gebracht? Mussten die Bauern die Säcke auf dem Rücken tragen?"

Tragen, nein. Das wäre viel zu schwer gewesen, und Autos gab's natürlich noch nicht!

Matthias: „Ja, da wird man schon irgendeinen Wagen dafür gehabt haben."

Die Mühle an der Enz

Ich sag euch was dazu. Der letzte Teil des Mühlwegs war ein steiler Buckel. Dort mit einem Wagen runterfahren – das wäre irre gewesen. Außerdem musste man seit 1876 im Tal die Bahn überqueren, mit einem breiten Wagen wäre das an der Stelle gar nicht möglich gewesen. Es gab nämlich nur einen schmalen Übergang. Passt auf: Der Buckel hieß früher Eselsweg. Also wie kam das Getreide zur Mühle?"

„Auf einem Esel!"

Ja, Esel transportierten das Getreide auf dem Rücken zur Mühle. Sie ist das älteste namentlich bekannte Birkenfelder

Gebäude. Es wird in einem Vertrag schon ganz früh erwähnt. Das war 1332 – also schon lange vor der ersten Kirche.

Die Mühle stand weit und breit allein da unten an der Enz, und sie hat viel erlebt. Im Dreißigjährigen Krieg (1618-1648) haben Soldaten sie angezündet. Das geschah 1643, die Mühle brannte ab und konnte erst nach ein paar Jahren wieder aufgebaut werden. Sie ist mindestens zweimal abgebrannt und dann wieder errichtet worden. 1906 wurde die Mühle an die Stadt Pforzheim verkauft. Sie blieb aber noch rund zwanzig Jahre in Betrieb.

Leon: „Warum hat die Mühle überhaupt aufgehört?"

Da kann man vielleicht draufkommen, warum die Mühle geschlossen wurde. Man muss da an eine Erfindung denken, die das Leben der Menschen seit etwa 1900 gründlich verändert hat.

Nachdenkliche Pause. Nein, niemand? Doch du, Renate! Also warum?

„Man hatte jetzt elektrisches Licht."

Ja, das war 1911 in Birkenfeld angekommen, und Strom veränderte das ganze Leben. In den Häusern brannte jetzt elektrisches Licht und ein Mühlrad konnte man mit Strom bewegen. Man brauchte kein Wasser mehr zum Antreiben des Mühlrads.

> **Frage 3**: *Manchmal heißen die alten Wege „Gasse", manchmal „Wege". Gasse bedeutet etwas anderes als Weg. Findet den Unterschied heraus!"*

Auf der „Sonne" hatte ein Müller eine solche Mühle gebaut, und die Mühle im Tal bekam keine Arbeit mehr. Also ging sie bankrott. Abgerissen wurde sie aber nicht gleich. Die Sonnenmühle besteht heute auch nicht mehr. An ihrer Stelle entstand ein mehrstöckiges Wohnhaus.

Ein Ausflug ins letzte Jahrhundert auf der nächsten Seite erzählt vom Baden in der Enz.

An der Enz

Ausflug ins letzte Jahrhundert

Zur Mühle und zum Birkenfelder „Badplatz"

In der Mühle wohnten auch noch Leute, als sie nicht mehr arbeitete. Die Bewohner hatten im Sommer einen kleinen Verdienst: Sie verkauften Getränke. Aber an wen? An die Birkenfelder, die neben der Mühle ihren offiziellen Badeplatz an der Enz hatten – und wer beim Schwimmen Durst bekam, konnte diesen in der alten Mühle stillen. Das Wasser in der Enz sollte man ja lieber nicht trinken. Es schmeckt auch wie verfault.

Die Enz war nur wenige Wochen im Sommer so erwärmt, dass man darin pfludern und auch richtig schwimmen konnte; doch besonders warm wurde sie nie. Unten an der Biegung vor der Mühle war der Fluss mit dicken Baumstämmen gestaut, so dass Schwimmen mit oder gegen den Strom großen Spaß machte. Viele Kinder lernten in der Enz Schwimmen.

An heißen Tagen war am „Badplatz" immer ein großes Hallo. Man konnte nie zu lange in dem kühlen Enzwasser bleiben. Um sich aufzuwärmen, spielte man zwischen dem Schwimmen auf der großen Wiese Fußball.

Ab etwa 1950 verseuchten die Abwässer die Enz immer mehr, man durfte in dem Wasser nicht mehr schwimmen. Mehrere Male machten die Birkenfelder den Versuch, ein Freibad zu bauen. Es gelang aber nie. Als keine Badegäste mehr kamen, wohnte auch niemand mehr in der alten Mühle. Nur ab und zu hielten sich etwas zwielichtige Gestalten darin auf, vielleicht Gespenster, vielleicht eine Enzjungfrau? Der Stadt Pforzheim wurde das zu dumm, und um 1960 ließen sie das lästige Gemäuer in irgendeiner Nacht abbrechen. Sie hatten es niemandem vorher gesagt.

Heute findet man an der Stelle der Mühle nur noch ein paar Mauerreste; im Sommer ist alles überwuchert. Eine lange Birkenfelder Geschichte ist dort unten an der Enz zu Ende gegangen.

Frage 4: *Den Namen Mühlweg haben wir verloren, aber im Birkenfelder Wald gibt es noch eine Erinnerung an die Mühle. Wo ist das und was wird damit bezeichnet? Findet es heraus, wenn ihr das nächste Mal hinter dem Friedhof zum „Steinhäusle" geht.*

Zur Entspannung gibt es jetzt noch eine Legende über die Enzjungfrau.

Die Enzjungfrau und ein Birkenfelder Schatzsucher

Vom alten Neuenbürger Schloss und von der Waldenburg auf der anderen Enzseite berichtet eine Sage:

Von der einen Burg zur andern führte vor vielen Jahren ein unterirdischer Gang. Seine Türen sind heute verschüttet. In diesem Gang liegt ein Schatz, den die Enzjungfrau hütet, eine schneeweiße, junge Frau. Ab und zu sieht man sie abends von der Waldenburg über die Schlossbrücke zum Schloss gehen; dort geistert auch zur Mitternacht ein Licht herum und kommt zur Enz herunter.

Ein Birkenfelder sah einmal in der Enz einen weißen Schwan schwimmen. Er warf ihm einen Brocken Brot zu; da verwandelte sich der

Schwan in die Enzjungfrau. Diese saß in einem goldenen Boot und sagte zu dem Mann, er solle in der nächsten Nacht um zwölf Uhr auf das Alte Schloss kommen. Dort werde er einen Stein finden – sie beschrieb ihm den genau – und den solle er zur Seite schieben und in den Raum darunter steigen. Dort werde er einen schönen Fund machen.

Der Mann folgte diesen Worten und kam zur mitternächtlichen Zeit auf die Burg, tat, was ihm die Enzjungfrau aufgetragen hatte, und kam zu einer langen Treppe, die in den Raum hinabführte. Dort brannte ein Licht, an der Wand stand ein Geripppe, mit einem Eisen um den Hals angekettet. Auf dem Boden stand ein Topf und in dem Topf lagen drei weiße Kirschkerne. Sonst konnte der Mann nichts entdecken und ging nach Hause.

Dort erzählte er seinem Nachbarn, was er erlebt hatte. Der Nachbar riet ihm, die Kirschkerne, die wahrscheinlich Gold seien, zu holen. Als er in den nächsten Nacht wieder auf das Schloss ging, konnte er nichts mehr finden – nicht den Stein und deshalb auch nicht den Eingang.

Manche behaupten, wenn der Mann die Kirschkerne mitgenommen hätte, hätten diese sich in Schlüssel verwandelt. Mit diesen Schlüsseln hätte er den unterirdischen Gang aufschließen können, hätte den dort verborgenen Schatz finden und die Enzjungfrau erlösen können.

Schade, nicht wahr?

(Text und Bild nach „Neuenbürger Heimatbuch" von 1928)

Zum Historischen Rathaus

So und jetzt sind wir an der Kreuzung Hauptstraße, Kirchweg, Raiffeisenstraße fast fertig. Wir schauen aber noch kurz zu Kupfi's Gaststätte hin. An dieser Stelle stand einmal die erste Birkenfelder Schule. Über ihr Alter und ihren Schulraum könnt ihr später noch lesen.

Bevor wir weitergehen, können wir noch eine Geschichte hören, die hier auf der Straße vor etwa achtzig Jahren passiert ist. Aus ihr erfahren wir, auf welche Weise man zu der Zeit verunglücken konnte, als noch keine Autos die Straßen unsicher machten.

Erstes Schulhaus, heute Kupfi's Gaststätte

Ein Schülerstreich mit Folgen

Hier bei der alten Schule hatte ein Friseur seine Stube. An der Tür hing sein Handwerkerzeichen, ein schöner Messingteller. Wenn die Achtklässer von der Silcherschule nach Hause gingen, sprang schon einmal ein großer Bursche hoch und schlug an den Teller; der scheppere dann. Das ärgerte den Friseur, aber bis er scheltend herauskam, war niemand mehr zu sehen.

Eines Tages schlugen fünf oder sechs der Kerle, einer nach dem andern, auf das Metall, sodass es ununterbrochen schepperte. Vielleicht hatte der Friseur dieses Mal gelauert, auf jeden Fall stürzte er heraus, um noch einen der Übeltäter zu fassen. Unglücklicherweise stolperte er nach einigen Schritten und fiel der Länge nach auf die Straße.

Was war passiert? Auf der Straße, die vor achtzig Jahren schon geteert war, hatte eine Kuh ein paar grüne Pflatschen hinterlassen – und auf diesen war der Friseur ausgerutscht. Zum Glück brach er sich weder eine Rippe noch ein Bein, aber sein weißer Friseurmantel hatte plötzlich einen grünen Überzug bekommen – und stank.

Wer die bösen Buben waren, hat der Friseur wohl nicht herausbekommen. Aber danach machte er keinen Sonderpreis mehr für Schüler.

So, aber jetzt geht es weiter Richtung Marktplatz! Wir passieren rechts die Kirchgartenstraße. Die war früher nur ein Feldweg. Heute kommt man auf dieser Straße zur Ludwig-Uhland-Schule und zur Schwarzwaldhalle. Genau hier an der Kirchgartenstraße, direkt bei der Kirche begann früher das 44-Häuser-Dorf; es reichte bis zum Burgweg. Und genau hier hat 1875 in einem Bauernhaus der Brand angefangen, der die noch neue Kirche zerstört hat.

Das Historische Rathaus und die Ausstellung

Wir gehen weiter und kommen zu dem Fachwerkhaus vorne am Markplatz. Ihr wisst alle, wie dieses Gebäude heißt?

„Altes Rathaus."

Heute nennen wir es Historisches Rathaus.

Matthias: „Warum denn das?"

Weil es noch ein Altes Rathaus gibt („Altes" groß geschrieben). Da kommen wir später vorbei. Mit den verschiedenen Namen kann man die beiden alten Rathäuser besser unterscheiden.

Historisches Rathaus von 1584

Renate: „Mein Großvater spricht immer vom Braunen Haus. Hieß das wirklich so?"

Ja, die älteren Bürger wissen das noch, dass man zu dem Historischen Rathaus früher auch „Braunes Haus" sagte. Im Dritten Reich hatten nämlich „Die Braunen" hier drin ihr Hauptquartier. Die Braunen – so nannte man die Mitglieder der damals einzig erlaubten Partei, die Nazis. Sie trugen eine Uniform mit Braunhemd, und Hitler, der Anführer dieser Partei, führte Deutschland in den unseligen Krieg von 1939 bis 1945. Davon erfahrt ihr später mehr.

Zunächst hören und sehen wir im Historischen Rathaus viel über die Besiedlung Birkenfelds und über das Wachsen des Ortes. Wir gehen hier ganz auf den Anfang zurück, als die Ansiedlung noch gar nicht Birkenfeld hieß.

So, jetzt stehen wir vor dem großen Bogentor des Historischen Rathauses. Gleich wird es sich für uns öffnen.

Das geschah auch früher so, aber jetzt verläuft der Besuch der Dokumentation anders. Das große Bogentor zum Historischen Rathaus öffnet sich nicht mehr für uns. Die Gemeinde hat nämlich den unteren Raum der Katholischen Kirche für ihren Eine-Welt-Laden überlassen. Die Dokumentation ist jetzt im Obergeschoss zu sehen, und danach wird auch die Besichtigung beschrieben. Wir müssen nur um die Ecke gehen und dort die Treppe hinaufsteigen.

So, jetzt sind wir oben. Ihr dürft euch zuerst in den beiden Räumen umschauen; guckt, was ihr alles entdeckt. Danach sehen wir uns gemeinsam einzelne Sachen genau an.

Sofort verteilen sich die sechs im ganzen Raum; besonders die zahlreichen Fotos an den Wänden haben es ihnen angetan.

Als schließlich der Lautpegel zu hoch wird, sammeln wir uns an der ersten Vitrine, und sofort ist die Aufmerksamkeit wieder da.

Die Innenräume im Historischen Rathaus

Die Besiedelung des Fleckens
Die 1. Vitrine:

Was man alles in alten Gräbern findet!

Die erste Vitrine ist schmal und lang; sie hat drei Etagen. Was seht ihr im obersten Fach?

Verschiedene Beobachtungen: „Ein großer Topf, ein Glöckchen, etwas Ähnliches wie eine Nadel."

Ja, gut; der Topf ist aus Scherben zusammengesetzt (siehe Seite 42). Die Nadel war eine Spange für das Kleid einer Frau, eine Gewandspange; man nannte sie Fibel. Das Glöckchen – vielleicht ein Schmuckstück? Das weiß man nicht so genau.

Alle drei Gegenstände sind aber Kopien. Die Originale sind im Württembergischen Landesmuseum in Stuttgart ausgestellt.

Matthias: „Woher stammen diese Sachen?"

Sucht einmal in der Vitrine in einem unteren Fach: Da findet ihr einen Hinweis!

Ulrike: „Da ist ein Foto mit Knochen von einem Menschen."

Ja, ein menschliches Skelett. Und wo liegt das Skelett?

Immer noch Ulrike: „Ha, in einem Grab."

Also handelt es sich ebenfalls um Grabfunde.

Mehmet: „Stammt das Skelett wirklich aus Birkenfeld?"

Ja klar, in der Nähe des heutigen Kreisels beim Kreuz wurden 1946 bei Bauarbeiten drei Männergräber und ein Frauengrab aufgedeckt. Weitere Gräber könnten noch in der Nähe liegen und vielleicht eines Tages gefunden werden. Man vermutet, dass die Kelten diese Gräber vor etwa 2500 Jahren gegraben haben. Auch in Neuenbürg, in Waldrennach und im Grösseltal machten die Archäologen zahlreiche Keltenfunde, ganz bedeutende Zeugnisse aus dieser Zeit.

Eine Villa Rustica

Ihr seht aber auch noch mehr: auf einem Foto ein Haus und davor einige Gestalten. Das Haus soll eine römische „Villa rustica" sein. Eine Villa rustica war ein Gutshof. Oder einfach: ein Bauernhof. Man sieht ja auch Tiere umherlaufen. Als bei uns die Römer herrschten, wurden viele solche Bauernhöfe gebaut. Das Foto zeigt eine Villa rustica, die man in unserer Zeit nachgebaut hat; „rekonstruiert" nennt man das. Die Gestalten auf den anderen Fotos sind Götterbilder. Die kann man an der Gräfenhäuser Kirche sehen.

In der Umgebung von Birkenfeld standen zahlreiche Bauernhöfe, zum Beispiel in Pforzheim, in Gräfenhausen, auch in Remchingen. Im Brötzinger Wald findet man noch heute Ziegelmauern und eine Türschwelle, Reste des Hauptgebäudes.

Auch in Birkenfeld gab es eine Villa rustica. Im Landesdenkmalamt Karlsruhe findet sich noch ein Eintrag für unseren Ort: „Römische Gebäudereste, im Krähenbaum, 150 Meter nordöstlich der Dietlinger Straße", also an der Kreuzstraße. Heute ist nichts mehr von dieser Villa rustica zu sehen. Schade, dass die Reste verschwunden sind!

An der Kirche in Gräfenhausen:
Herkules am Viergötterstein
mit Keule und Löwenfell

Wie Reste aus römischer Zeit verschwinden

Eine Bürgerin erzählte vor Jahren, die Reste des römischen Gutshofes in Birkenfeld seien in ihrem Garten unterhalb der Kreuzstraße zu sehen gewesen. Ihr Großvater habe den Enkeln verboten, anderen Leuten von diesen Mauern zu erzählen: „Verratet bloß niemerts, dass mer bei uns alte Mauere sieht. Wenn die uff em Rathaus des erfahre, grabe se unseren ganze Garte um." Die Familie hielt dicht. Sie haben nichts verraten. Leider!

In der Zwischenzeit stehen nämlich dort Häuser und niemand hat beim Bauen etwas gesehen – oder sehen wollen. Sonst hätten die Archäologen tatsächlich das Baugrundstück umgegraben und den Hausbau aufgehalten – und Zeit ist ja Geld.

Aber hätte jemand etwas gesagt, wüssten wir mehr über den Gutshof im römischen Birkenfeld. Schade!

Wer nun mehr über die Menschen dieser Jahrhunderte erfahren möchte, kann sich auf die Zeitreise Nr. 3 begeben.

Zeitreise Nr. 3 – Kelten und Römer
Die Kelten

Die Kelten wohnten schon vor rund 3000 Jahren in unserer Gegend; sie gehörten zu einem in Europa (vor allem im südlicheren Europa) weit verbreiteten Volksstamm.

Und die sollen auch bei uns gewohnt haben? Ganz genauso. Denkt an das Skelett von oben: Hätten wir schon vor 2500 oder 3000 Jahren hier gelebt, wären wir Kelten gewesen. Und vielleicht steckt so ein winziges Tröpfchen keltisches Blut heute noch in jedem Ur-Birkenfelder!

Die Kelten waren fleißige Leute. Wir müssen nur nach Neuenbürg gehen, müssen vom Schloss aus einen Spaziergang machen – immer dem Wegzeichen „Spectaculum Ferrum" nachgehen. Da erfahren wir an verschiedenen Stellen, dass die Kelten in unserer Gegend an vielen Stellen nach Eisenerz gegraben und es verarbeitet haben.

Auf der Töpferscheibe gefertigte Tonflasche
aus dem keltischen Grab Nr. 1
(frühe Laténezeit, 4. Jh. v. Chr.)

Keltische Tonflasche

Die Römer.

Im 1. Jahrhundert vor Christi Geburt begannen die Römer ihr Reich von Italien nach Norden auszudehnen. Der berühmte Imperator Caesar besetzte das Gebiet, das wir heute Frankreich nennen. Die Römer nannten es nach den Bewohnern „Gallia" (Keltenland). Aber sie besetzten auch das Gebiet zwischen Rhein und Donau und bauten den Limes, einen Grenzwall. Sie wollten die Germanen fernhalten, diese unerwünschten Eindringlinge. Die hier im Lande wohnenden Kelten wurden von den Römern aber nicht vertrieben.

Die Römer legten Lager für ihre Soldaten an, sogenannte Kastelle. Sie bauten Städte, wie etwa Trier, und Verbindungsstraßen, wie die Römer-straße von Pforzheim nach Baden-Baden. Ihre ausgedienten Soldaten siedelten sie hier an und gaben ihnen ein Stück Ackerland. Davon konnten die „Veteranen" leben. Das war sozusagen ihre „Rente". Auf einem Landstück baute sich der ausgediente Soldat sein festes Haus, die „Villa rustica".

Die Häuser bestanden jetzt aus festem Mauerwerk mit Dachziegeln und oft mit Bodenheizung. Die Römer kannten sich im Bauwesen bestens aus. Wörter, die mit Bauen zu tun haben, drangen in unsere Sprache ein, und wir verwenden sie heute noch: Zum Beispiel „Mauer" kommt von „murus", „Ziegel" von „tegula", „Fenster" von „fenestra", „Straße" von „via strata" (gepflasteter Weg).

Die 2. Vitrine

Aus den Gräbern unserer „Vorfahren"

Leon: „Wer ist dann nach den Römern gekommen?"

Da schauen wir uns doch einfach mal die nächste Vitrine an. Dieses Mal haben wir wieder eine Vitrine mit drei Etagen.

Hanna: „Oh, das sind ja viele Sachen. Sind die wieder von einem Grab?"

Nein, die stammen aus mehreren Gräbern. Was erkennen wir denn?

„Ein paar Schwerter, irgendwelche kleine Sachen, vielleicht Schmuck."

Ein Bündel von Fragen schließt sich an: „Woher kommen diese Sachen? Wo sind sie gefunden worden? Was für Leute waren das? Wann haben die hier gelebt?"

Diese Funde stammen nicht aus der Keltenzeit, auch nicht aus der Römerzeit. Sie sind jünger. Man datiert diese Grabbeigaben ins 7. Jahrhundert. Das bedeutet: 600 bis 700 nach Christus. Gräber von Alemannen, vielleicht auch von Franken. Sie sind also mehr als tausend Jahre jünger als die Keltengräber.

Drei eiserne Lanzenspitzen mit facettierter Tülle
Gräberfeld „Große Höhe", 7. Jahrhundert

Perlen aus Bernstein, Ton und
opakem Glas (Schmuckreste aus
einem Frauengrab) Gräberfeld
„Große Höhe", 7. Jahrhundert

Die silberne Gewandspange stammt aus einem
Frauengrab. Sie zeigt ein Tier, das nach hinten
schaut, und ein Kreuz. Um die damalige Zeit war das
Kreuz schon ein christliches Symbol. Die Trägerin der
Gewandspange muss eine Christin gewesen sein.

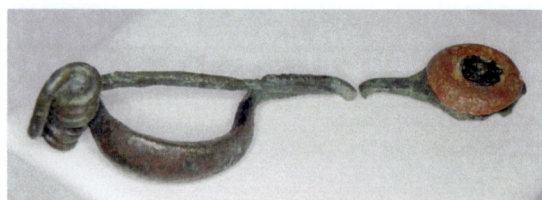

Bronzene Fibel (Gewandspange) aus dem
keltischen Grab Nr. 2. Auf dem aufgebogenen
Endstück sitzt eine runde Zierscheibe aus
Edelkoralle.

Glockenförmiges Zierstück aus
Bronze aus dem keltischen Grab Nr.
2 (frühe Latenezeit, 4. Jh. v. Chr.)

⇦ Sax

Im Verlauf des letzten Jahrhunderts sind etwa hundert Gräber auf der Großen Höhe ausgegraben worden. Das heißt zwischen Turnplatz und heutigem Edeka. Das allererste Grab dort wurde schon beim Bau des Turnplatzes entdeckt. Die letzte große Grabung fand im Jahr 2004 statt. Die meisten Funde, auch Skelette, liegen im Landesmuseum in Stuttgart oder beim Landesdenkmalamt in Karlsruhe und in Rastatt. Wir haben nur wenige Sachen zur Ausstellung bekommen. Besonders interessant für euch Buben sind sicher die Schwerter.

Leon: „Das sind ja große und kleine Schwerter;
Renate: „Die kleinen sehen ja wie Dolche aus." Haben die Schwerter besondere Namen?"

Ja, sie haben besondere Namen. Das große Schwert ist eine „Spatha", und der Dolch heißt „Sax".

„Ja, und wozu brauchten sie Schwerter? Für den Krieg?"

Ja, schon. Es gab immer irgendwelche Kämpfe. Vor allem die Spatha war wichtig. Nur Wohlhabendere konnten sich eine solche Waffe leisten. Der Sax war auch ein „Messer" für den täglichen Gebrauch. Alle Germanen durften ein Schwert besitzen. Den Toten gab man ihre wichtigen Dinge mit ins Grab. Dass man beim Ausgraben also Schwerter findet, ist nichts Besonderes.

Mehmet: „Die Schwerter sind ja toll. Dürfen wir sie einmal in die Hand nehmen?"

Lieber nicht. Das könnte gefährlich werden. Nicht für euch, aber für die Schwerter. Wenn sie auf den Boden fallen, kann ein

Stück abbrechen. Aber neben den Waffen sehen wir ja auch Schmuck, Perlen zum Beispiel.

Wer mehr über die Germanen, unsere Vorfahren, erfahren möchte, darf sich auf die Zeitreise Nr. 4 machen.

Zeitreise Nr. 4 – Die Germanen

Die Germanen: In unsere Gegend drangen vor allem Alamannen ein (heute sagt man meistens: Alemannen). Anfangs kamen sie einzeln oder in kleinen Gruppen, plünderten und verschwanden wieder, manche blieben auch. Aber später kamen sie in ganzen Verbänden. Um 300 nach Christus gaben die Römer den Widerstand gegen die Alemannen auf. So konnten diese sich in großer Zahl in unserer Gegend niederlassen, vor allem im heutigen Elsass und in der Schweiz, auch in Gallien. Die keltische Bevölkerung blieb zum Teil hier, aber andere gaben ihre Wohnsitze auf und wanderten nach Westen aus.

Germanische Häuser (Nachbildung)

Die Alemannen siedelten sich aber nicht gleich in den Städten an; sie lebten zunächst lieber in Einzelhöfen oder in kleinen Ansiedlungen. Sie bauten ihre Hütten weiterhin, wie sie es gewohnt waren: ursprünglich aus Weiden und Lehm oder aus Balken und Lehm. Vom Winden und Verflechten der Weiden leitet sich das deutsche Wort „Wand" ab (im Gegensatz zu „murus" = Mauer). Ziegel verwendete man lange nicht; man benützte Stroh oder, wo vorhanden, Schilf. Die Hütte hatte auch nur einen einzigen Raum, in dem anfangs sogar die Kuh untergebracht war. Der Raum hatte keine Fenster, sondern nur eine Öffnung, aus welcher der Rauch abziehen konnte. In diesem einen Raum spielte sich das ganze Leben ab, und das blieb noch einige Jahrhunderte so. Jeder Siedler war Bauer und einfacher Handwerker zugleich.

Die Römer nannten einen germanischen Stamm „Suevi"; von diesen „Sueve" oder „Sueben" leitete sich die Bezeichnung „Schwaben" ab. Die Sueben gehörten zu den Alemannen.

Die Alemannen, welche die Reihengräber auf der Großen Höhe anlegten, haben wohl erst ab 600 nach Christus hier gelebt. Es können aber auch Franken dazugekommen sein (siehe Teil 2).

Vom Flecken zum Dorf

Die weiteren Vitrinen

In den weiteren Vitrinen finden sich in der Hauptsache Dokumente. Wir sehen zum Beispiel das Dokument vom April 1302, welches den Ortsnamen Birkenfeld zum ersten Mal nennt. Er steht in der dritten Zeile vorne, ist aber schlecht zu erkennen. Besser in der Urkunde von 1322 (nächste Seite). In diesen Vitrinen gibt es viel zu studieren, aber dazu fehlt uns heute die Zeit. Ihr müsst noch einmal kommen und euch diese interessanten Dinge erklären lassen.

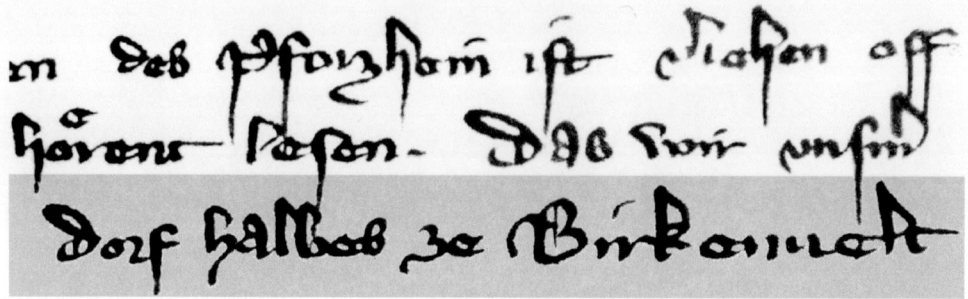

Hier ist die Urkunde von 1322. Der Markgraf von Baden verpfändet sein „Dorf halbes zu Birkenvelt" an den württembergischen Grafen.

Der Name Birkenfeld

In der Urkunde aus dem Jahr 1302 findet sich der Name Birkenfeld. Geschrieben ist er aber dort Birckenvelt. In anderen Urkunden lesen wir auch Birkenfeld, später auch Bürckenveld oder ganz „geschwollen" Bürckhenveld, auch Bürckenfeldt. Pfarrer Christlieb schreibt 1824 wieder einfach Birkenfeld. So ist es auch geblieben.

Birkenfeld – „unmöglich" von Birke?

Über die Bedeutung des Ortsnamens wurde und wird gestritten. Die einen sehen darin die Birke (Feld mit Birken), die anderen eine Burg und meinen damit wohl den römischen Gutshof an der Kreuzstraße. Neuere Untersuchungen sehen die Ableitung von „Birken" als wahrscheinlich an.

Bei einem Vortrag vor etwa 20 Jahren meinte ein Birkenfelder, bei uns gebe es doch keine Birken. Der Sturm „Lothar" von Weihnachten 1999 hat uns eines Besseren belehrt. An allen Flächen, die er kahlgeschlagen hat, wuchsen als erste Bäume die Birken auf. Birkenwäldchen in Birkenfeld müssen also früher nichts Außergewöhnliches gewesen sein.

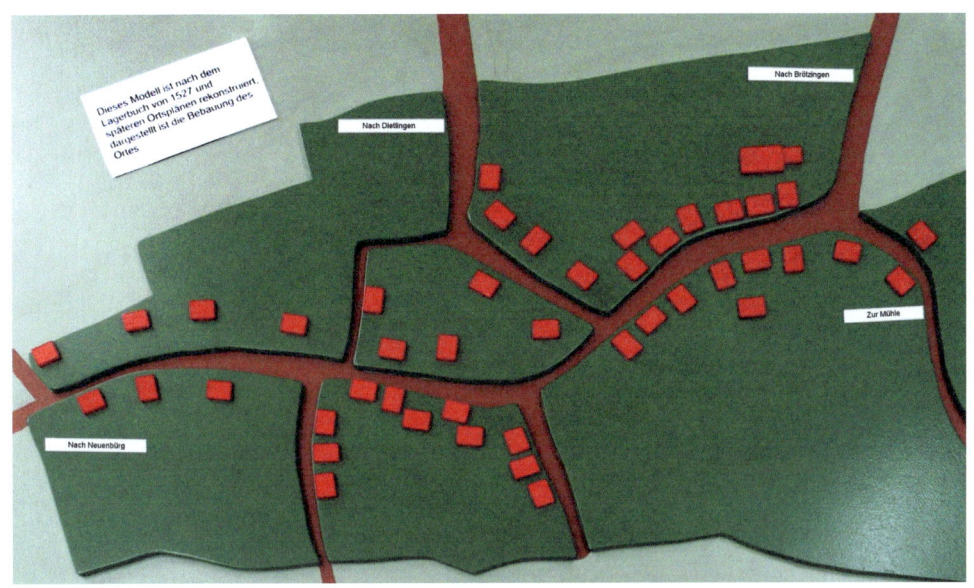

Das Modell von Birkenfeld

Was uns das Jahr 1527 erzählt

So und jetzt sehen wir uns das Modell Birkenfelds an. Wir gehen dazu in den zweiten Raum. Das Modell stellt die Straßen und die Bebauung des Fleckens im Jahr 1527 dar. Die Regierung hat damals in allen Gemeinden Württembergs die Besitztümer der einzelnen Bürger aufgenommen; deshalb wissen wir das alles so genau. Zwei von euch können die Häuser zählen, die andern versuchen die Namen der Straßen herauszufinden. Wer will die Häuser zählen? Gut, Hanna und Ulrike, ihr macht das, aber leise zählen und nicht einfach losschreien. Ich werde euch gleich danach fragen. Die anderen betrachten solange die Straßen und finden die Namen heraus.

Kleine Pause.

So. Wie viele Häuser habt ihr gefunden?

„44."

Einwand von Renate: „Aber ich habe einmal gehört, es wären nur 43 Häuser gewesen."

Ja, das hängt mit der Steuer zusammen. Der Pfarrer erscheint nicht in der Herdstättenliste von 1525, aber ein Pfarrhaus gab es trotzdem. Er zahlte aber keine Steuer für seine Wohnung.

Zweiter Einwand von Matthias: „Ich habe auch schnell gezählt, aber ich habe 45 Gebäude gefunden."

Richtig. Es gab ein Gebäude, das keine Wohnung war, und das hast du mitgezählt."

Vielstimmig: „Die Kirche."

Ein wichtiges Haus fehlt aber zu Recht auf der Karte. Dies herauszufinden ist eine Aufgabe für euch:

Frage 5: *Welches bekannte Haus fehlt auf unserem Modell von 1527 und warum?*

Und nun ran an die Straßen. Wir fangen noch einmal vorne an und wiederholen die Straßen, von denen wir schon gesprochen haben.

„Hauptstraße?" - Hieß früher?
„Gemeine Gasse."

Und die Wege, welche die Gemeine Gasse nicht überqueren, aber von ihr abzweigen?

„Kirchweg und Raiffeisenstraße."

Da war doch noch etwas mit der Raiffeisenstraße? Das habt ihr sicher behalten.

„Ja, die hieß früher Mühlweg."

Gut, jetzt stellen wir uns an die Fenster und gucken, wie viele Straßen wir von hier oben sehen.

Renate: „Wo wir reingegangen sind, das ist die Dietlinger Straße."

Ja, so heißt sie heute, aber damals sprach man nicht von Straße, da sagte man Dietlinger Weg. Aber noch früher sagte man zu diesem Teil des Dietlinger Wegs auch „Hintergasse", aber das weiß niemand mehr.

Matthias schaltet sich ein: „Geradeaus geht ja auch die Hauptstraße weiter."

Richtig, bis zum früheren Dorfende.

Hanna: „Und was ist mit dem Marktplatz? Da gehen doch auch zwei Straßen ab.

Ja, und die beiden Straßen haben auch Namen.

Leon: „Das eine ist die Baumgartenstraße, da wohnt meine Tante."

Und die Straße mit dem neuen Rathaus?

„Das ist die Zeppelinstraße."

Gut, jetzt schauen wir uns das Modell noch einmal genau an. Es stellt das Dorf im Jahr 1527 dar; wir suchen den Marktplatz und alle Straßen, die wir von hier oben gesehen haben.

Alle sechs drängeln sich um das Modell und schauen.

Hanna: „Da ist die Gemeine Gasse und hier die Dietlinger Straße."

Mehmet: „Die anderen Straßen sehe ich nicht. Sind die vergessen worden?"

Wir müssen gegenüber der Dietlinger Straße suchen. Unruhe.

„Da sind doch keine Straßen."
„Aber auch kein Marktplatz und bloß ein einziges Haus."
„Warum fehlt denn das alles?"

Marktplatz und Trommelbrand
(Zur Geschichte des Marktplatzes)

Ja, warum fehlt das alles? Warum sehen wir keinen Marktplatz?

Zuerst Stille und Nachdenken, dann meint Ulrike: „Der Flecken war doch noch so klein."

Das ist goldrichtig. Die Birkenfelder Bauern brauchten 1527 noch keinen großen Marktplatz. Aber heute haben wir nun den Marktplatz, haben die Straßen und rundum Häuser. Ihr kennt doch einige Häuser, die jetzt da stehen?

„Ja, natürlich, den Gemüseladen, das Kunterbunt, Wirtschaften."

Und im Hintergrund rechts das neue Rathaus.

Ulrike: „Ja, wie kam es dann zu einem Marktplatz hier? Wann wurde der gebaut?

Ja, wie und wann kam es zu unserem Marktplatz? Das ist eine interessante Geschichte; die erzähle ich euch. Als ersten Schritt schauen wir uns aber die Karte von 1836 an.

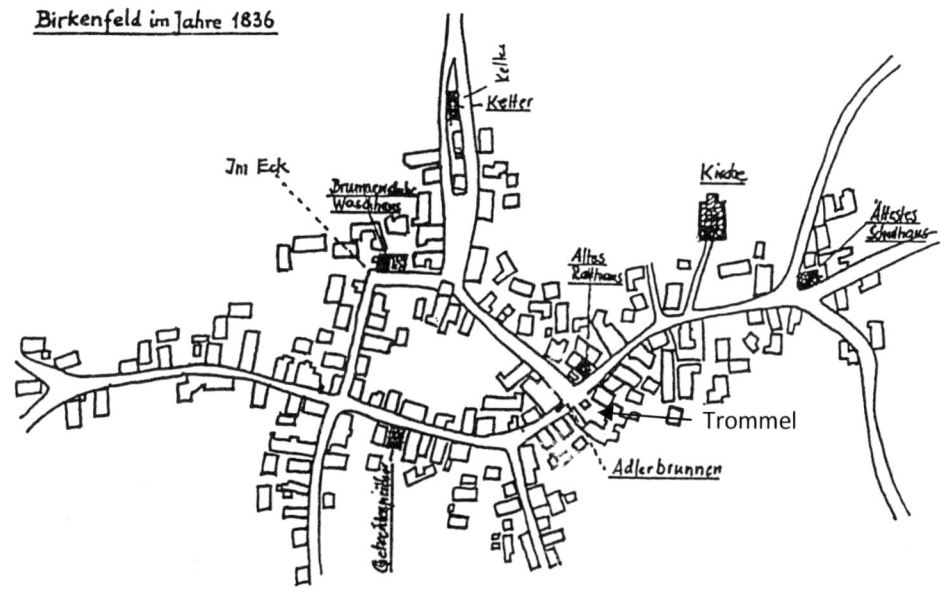

Nach der amtlichen Karte von 1836

Mehmet: „Oh, jetzt sehe ich viele Häuser an der Stelle, auch Hütten, aber keinen gewaltigen Platz. Keine Straßen zweigen ab."

Genau so sah es Anfang 1900 immer noch aus: Häuser, Hütten, aber kein Marktplatz. Bei diesen Häusern floss der Dorfbach durch; der hieß Bachrausch. Er war mit Brettern abgedeckt. Kinder hopsten gern auf den Brettern herum. Das gab natürlich Krach und deshalb hieß der kleine Platz „Die Trommel".

So und jetzt gehen wir in die Ecke rechts hinten und sehen uns die Zeichnung auf der nächsten Seite unten an; sie zeigt uns genau, wie der Platz noch 1912 ausgesehen hat.

„Das ist ja immer noch kein richtiger Platz! Da stehen ja so viele Häuser. Und die kleinen Hütten!"

Ja, so sah es hier noch Anfang 1912 aus, genau wie auf der Zeichnung: Zwei Gebäude vorne links, eines davon sehr groß. Im Hintergrund stehen Häuser, meist Scheunen. Rechts wieder ein Haus und in der Mitte die Hütten. Das große Haus sieht man auch auf dem Foto von 1901.

Haus Karl Vester mit Familie (1901)

Matthias: „Ja, wann ist dann der Marktplatz gemacht worden? Und was ist mit den Häusern und den Hütten passiert?"

Das passierte so: Am 10. März 1912 brach hier kurz nach Mitternacht ein Großbrand aus. Er begann gleichzeitig in drei Scheunen. Dann brannten drei Wohnhäuser, fünf Scheunen und alle Hütten ab. Das schöne große Haus war weg. Die Leute vermuteten, dass Brandstiftung vorlag. Man hatte schon vorher gemunkelt, das „Glomp" werde bestimmt einmal abbrennen. Am nächsten Tag stand schon in der Zeitung: „Dass Brandstiftung vorliegt, ist ganz unzweifelhaft."

Leon: „Ja, stimmt denn das wirklich, dass die Häuser angezündet wurden?"

Beweisen kann man's nicht. Aber sogar der Pfarrer war fest davon überzeugt, dass man „heiß" abgebrochen hat. Wer noch mehr wissen will, kann auf der nächsten Seite Genaueres über den Brand lesen.

Jedenfalls hatte man jetzt genügend Raum für einen Marktplatz und zwei abzweigende Straßen gewonnen. Der Platz hieß jetzt eine Weile „amtlich" die „Öde". Erst 1924 gelang es der Gemeinde, die „Öde" von den Grundstücksbesitzern zu kaufen. So hatte es nach dem Brand noch zwölf Jahre gedauert, bis ein Marktplatz und die abzweigende Baumgartenstraße gebaut werden konnten.

Matthias: „Warum hat denn das so lang gedauert?"

Trommel vor dem Brand (Zeichnung von Oskar Stuppy)

Man war sich halt nicht so schnell über den Preis einig geworden. Das ist der Hauptgrund gewesen.

Trommel nach dem Brand: Nur noch das linke Gebäude ist zu sehen. Das Haus Karl Vester ist verschwunden.

Brandstiftung oder „heißer Abbruch"

Brandstiftung kam in jenen Zeiten oft vor – entweder aus Bösartigkeit oder weil man alte Gebäude loshaben wollte. Alte „Bruchbuden" gab es ja viele. Man sprach in einem solchen Brandfall von „heißem Abbruch". Der war natürlich strafbar. Aber in der Regel konnte man nichts beweisen, und der geschädigte Hausbesitzer erhielt dann die Feuerversicherung ausbezahlt; sie war der Grundstock für ein neues Haus. Auch im vorliegenden Fall ließ sich eine Brandstiftung nicht nachweisen.

Doch im Dorf ging noch nach Jahren ein Gerücht herum, es sei einer bei Ausbruch des Brandes in das nahe gelegene Gasthaus „Zum Hohenzollern" gerannt und habe „Feurio!" gerufen und „Die Trommel brennt." „Bisch net ruhig!" soll der Feuerwehrkommandant ihn angeschrien haben: „Des isch doch no z' bald." Dass der Feuerwehrkommandant schon im „Hohenzoller" (heute „Taormina") saß, sogar mit seinen Leuten, ist ja doch merkwürdig. Das klingt ja wirklich so, als ob man mit dem Brand in dieser Nacht gerechnet hätte.

Verbürgt ist, dass der Besitzer der zwei großen Gebäude dem Feuerwehrkommandanten gedroht habe, er werde ihn als Brandstifter anzeigen, falls er nicht löschen lasse.

Aber in der Gemeinde wurden früher viele Dinge erzählt, die falsch oder einfach Hirngespinste waren.

Weiter auf dem Modell

So, nach diesem langen Ausflug über die Geschichte des Marktplatzes und die Erzählungen der alten Birkenfelder verfolgen wir wieder auf dem Modell die Gemeine Gasse vom Historischen Rathaus aus weiter. Wo endet sie denn?

„Das kann man nicht sagen. Es sieht so aus, als ob sie weiter ginge."

Genauso ist es. Aber dort, wo die Straße auf dem Modell endet, endet auch die Hauptstraße. Das war 1527 auch das Ende des Dorfes. Oder der Anfang, wie man will. Aber in Wirklichkeit geht die Straße weiter.

Hanna: „Ja, hat die dann einen anderen Namen?"

Ja, die hat ab dort einen anderen Namen. Es gehen sogar heute ein paar Straßen dort weiter. Wir werden nachher, wenn wir wieder unterwegs sind, genau zu dem Punkt kommen, an dem das Modell abbricht. Dann klären wir, wie die Straßen dort heißen.

Matthias: „Aber hier auf dem Modell gibt es doch noch Straßen vorher, die abgehen. Was ist mit denen?"
Leon: „Ja, hier eine und da noch zwei."

Richtig, die Rathausgasse, die Schmiedgasse und die Heergasse. Wir erreichen gleich die Rathausgasse und dann sprechen wir an Ort und Stelle darüber. Und wir sprechen über alle alten Wege und Gassen, zu denen wir noch kommen. Doch bevor wir wieder weitergehen, sehen wir uns hier noch einmal die Karte an.

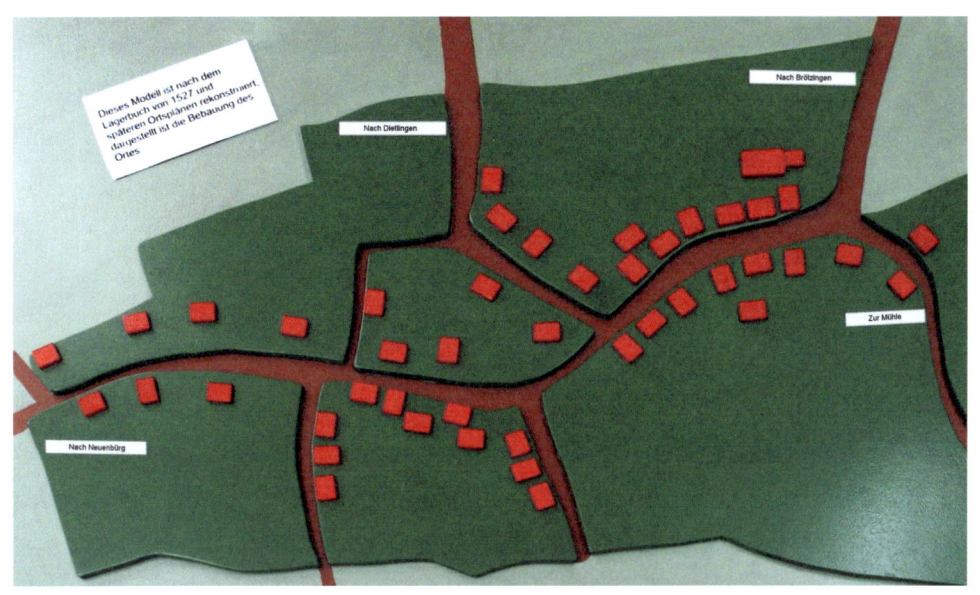

Modell Birkenfelds nach der Karte von 1527

Amtliche Karte von 1836

Etter

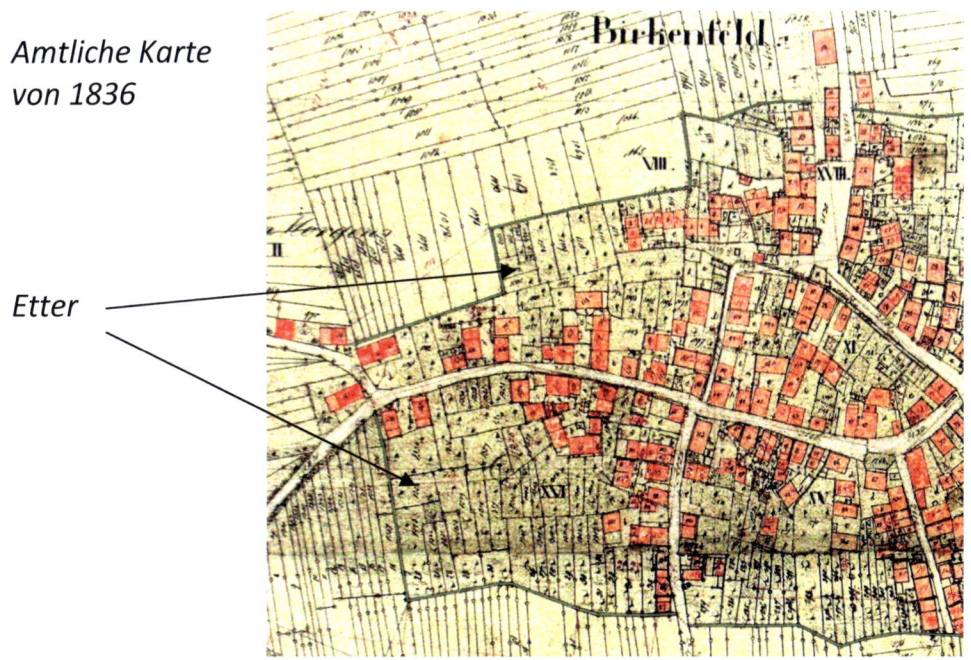

Die Ausbreitung Birkenfelds

So, die Karte auf der vorigen Seite stellt die erste amtliche Vermessung von Birkenfeld dar; sie stammt aus dem Jahr 1836. Den Unterschied zwischen der Karte und dem Modell von 1527 erkennt doch jeder.

„Ha ja, viel mehr Häuser."

Sehr gut. Möchte sie jemand zählen?

Vielfältiges „Nein!"

Zu Recht will niemand zählen! Die Zahl der Häuser ist in den drei Jahrhunderten ja gewaltig gewachsen. Ich kann euch aber eine genaue Zahl aus dem Jahr 1811 nennen. Damals zählte das Finanzamt nämlich ganz genau, wie viele Feuerstellen im Dorf waren. Pro Feuerstelle musste man nämlich eine Steuer zahlen.

Mehmet: „Hatte die Steuer einen Namen?"

Ja, die hieß „Rauchzins".

Ulrike: „Wieso denn Rauchzins? Die rauchten doch damals noch keine Zigaretten, oder?"

Nein, sie rauchten noch keine Zigaretten. Der Rauchzins hängt mit der Wohnung zusammen. Man zahlte den Rauchzins eigentlich für das Haus. Im Normalfall brannte nur ein einziges Feuer im Haus – auch wenn die Wohnung zwei oder gar drei Räume hatte. Und dafür zahlte man Steuer.

„Ja, und wo war dann die Feuerstelle?"

Für die Feuerstelle kam nur ein bestimmter Raum in Frage. Das ist doch klar.

Kurze Pause. „Natürlich, die Küche!"

Wohnküche um 1900

Genau, die Küche zum Kochen, die ist ja lebensnotwendig. Und Küche und Wohnzimmer waren in alter Zeit sowieso dasselbe. Man hatte damals viele Kinder und brauchte einen zweiten Raum zum Schlafen.

Renate: „Und wie sah dann die Feuerstelle aus?"

In der ganz alten Zeit einfach, primitiv. Man hatte noch keine Herde oder Öfen, sondern ein offenes Feuer. Der Rauch ging direkt durch eine Öffnung im Dach ab. Später baute man einen Kamin und ab etwa 1800 gab es auch Herde und Öfen.

Es folgt eine kurze Information für Interessierte über den Rauchzins.

Was ist ein „Rauchzins"?

Die Bürger mussten dem Landesherrn alle möglichen Steuern bezahlen. Der Rauchzins war eine Abgabe auf die Feuerstelle. Als Rauchzins musste der Besitzer am Martinstag (11. November) eine alte Henne und zwei junge Hühner abgeben. 1811 bezahlte man in Geld, statt einer alten Henne 10 Kreuzer, statt eines jungen Huhns 5 Kreuzer. 1 Gulden bestand aus 60 Kreuzern.

Auf die Wohnung selbst wird der sogenannte Herdstättenzins bezahlt, eine Art Grundsteuer, die in Geld zu entrichten ist.

Die Bauern mussten aber außer dem Rauchzins noch mehr „Steuern" bezahlen, zum Beispiel auch den Zehnten.

Aber jetzt kommt etwas ganz Merkwürdiges. Außer dem Rathaus und der Kelter gab es nur 132 Gebäude, aber 175 Feuerstellen.

Leon: „Ja, aber Sie haben doch vorhin gesagt, im Haus gäbe es nur eine einzige Feuerstelle."

Ja, das habe ich gesagt, und das stimmt auch.

Jetzt rätseln sie herum. Aus einer Ecke kommt die richtige Antwort: „Vielleicht gab es auch zwei Wohnungen in einem Haus."

Genau das ist richtig. Es gab zweistöckige Häuser, mit zwei Wohnungen und folglich zwei Küchen. Und das waren 1811 genau 84 zweistöckige Gebäude in Birkenfeld. Vielleicht wohnten die alten Eltern dort oder die jung verheiratete Tochter, die sich noch kein eigenes Haus leisten konnte, vielleicht auch der Sohn. Und manchmal gehörte der obere Stock sogar einer zweiten Familie. (Und dazu gibt es nachher auf Seite 66 ein paar Rechenaufgaben; freiwillig natürlich!)

Wir sehen uns aber noch einmal das Modell von 1527 an und vergleichen damit die Vermessungskarte von 1836 (siehe Seite 59). Stellt euch auch die alten Gassen vor! Denkt daran, was ich euch über die Gärten gesagt habe. Da fällt doch etwas auf.

„Die Häuser stehen ja ganz dicht. Keine Gärten mehr!"

Ja, der Raum, auf dem die Häuser stehen, hat sich nicht vergrößert. Ihr erinnert euch, es gab den Etter, die Ortsgrenze. Aber man brauchte mehr Wohnraum. Man baute zweistöckig und, wo man noch einen Platz fand, baute man auch neu. Es wurde eng in Birkenfeld.

Renate: „Warum blieb das aber so? Es gab doch drum herum viel mehr Platz; da hätte man doch bauen können."

Ja, wie kommt das bloß? Ich habe zu Beginn erwähnt, wie das Dorfgebiet früher aufgeteilt war: das innere Dorf mit den Häusern und den Gärten. Um diesen bewohnten Raum lief der Etter, die Grenze des Ortes. Jenseits des Etters war die Allmend, die dem Namen nach allen gehörte: die Äcker und Wiesen und der Wald. Am Etter entlang verlief der sogenannte Etterzaun. Es gibt sogar eine Straße im Ort, die noch nach dem Etterzaun heißt.

Renate und Leon sind informiert und rufen: „Das Zaungässle."

Auf dem Modell könnt ihr euch vorstellen, wo der Etterzaun etwa verlief – einfach um das Gebiet der Häuser. Und wie ist das 1836?

Renate: „Immer noch so. Aber warum denn bloß. Es gab doch genug Platz?"

Man wollte halt die alte Ordnung nicht zerstören und keinesfalls über den Etter hinaus bauen. Und die Folge war die dichte Bebauung.

Matthias: „Aber Sie haben doch gesagt, dass unser Schulhaus schon außerhalb des Etters gebaut worden war."

Das ist wahr. Genau zu der Zeit fing man an, über den Etter hinauszugehen. Man hatte erkannt: Der bebaute Raum war zu eng geworden, und wenn man einmal angefangen hat, dann geht es auch weiter. Seht euch den Verlauf des Etters an (grüne Linie!), studiert auf den nächsten Seiten die modernen Luftbilder und vergleicht dann!

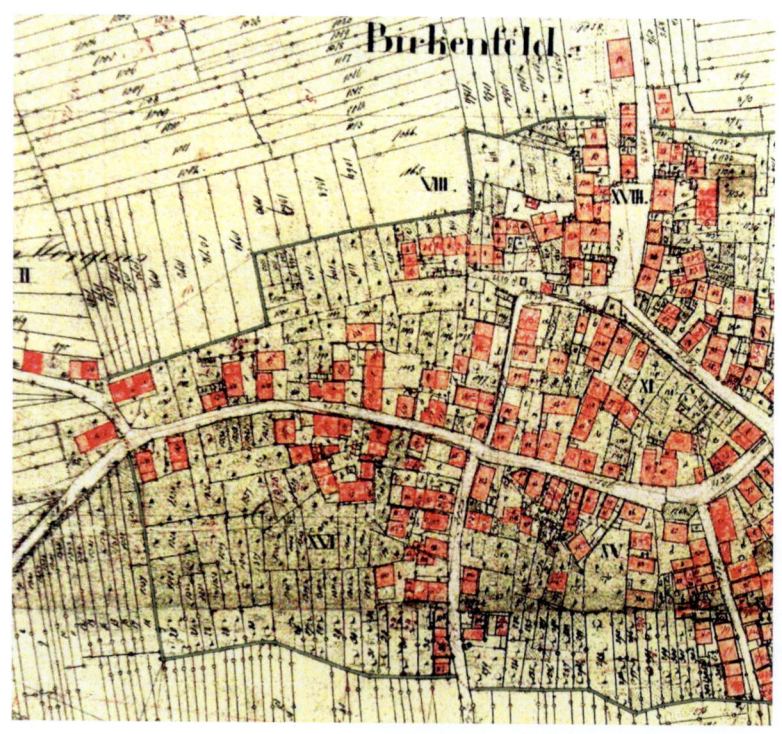

In der Mitte des Bildes die Bahnhofstraße

Sonnensiedlung mit Sportplatz 1934

Ein Aufschrei: „Viel, viel mehr Häuser! Über den Ort hinaus!"

Ja, aber das waren nur Bilder vor 1950. Erst danach wurden weitere Baugebiete erschlossen: Heimig und Krähenbaum, dann Burgweg und Gründle.

So groß ist das heutige Birkenfeld!

Zum Schluss des Kapitels die Rechenaufgaben

Fragen 6 – Denksport

Zu den Häusern und den Einwohnern im Jahr 1527

*a) Wie viele Feuerstellen hätte das Dorf gehabt, wenn alle Häuser nur **eine** Wohnung gehabt hätten?*

*b) Wie viele Feuerstellen hätte das Dorf gehabt, wenn alle Häuser **zwei** Wohnungen gehabt hätten?*

c) Wie viele Häuser im Dorf hatten zwei Feuerstellen?

d) In den 132 Häusern lebten zusammen 830 Einwohner. Wie viele Einwohner kamen im Schnitt auf ein Haus?

e) Wie viele Einwohner kamen im Durchschnitt auf eine Feuerstelle (Wohnung)?

Vom Historischen zum Alten Rathaus

Jetzt verlassen wir das Historische Rathaus. Wir marschieren wieder los bis zum nächsten Haltepunkt.

So, hier geht ein Sträßchen ab. Da stoppen wir. Wir suchen das Straßenschild.

Renate: „Dort an dem Laternenpfad ist das Schild: Rathausgasse."

Schild „Rathausgasse"

Mehmet: „Heißt die Gasse so, weil man gleich zum Rathaus kommt, wenn man die Rathausgasse raufgeht?"

Das ist eine kluge Frage. Aber von welcher Straße aus betritt man denn unser Rathaus? Doch von vorne am Haupteingang.

Leon: „Ja, von der Zeppelinstraße aus. Da komme ich jeden Tag vorbei."

Und dann kommt noch eine weitere Frage dazu: Ist das Rathaus ein altes oder ein neues Gebäude?

„Das Rathaus ist natürlich ein neueres Haus."

Richtig. Unser jetziges Rathaus ist 1989 eröffnet worden. Die Rathausgasse ist aber viel älter als das Rathaus.

Matthias: „Ja klar, ich habe ja vorhin gesehen, der Weg ist schon auf dem Modell im Historischen Rathaus drauf.

Renate: „Aber warum heißt nun die Gasse Rathausgasse – wegen dem neuen Rathaus?"

Nein, nicht wegen des neuen Rathauses. Wir machen einen kleinen gedanklichen Umweg und schauen uns das Haus mit dem kleinen Treppenaufgang gegenüber an. Das kennt ihr doch alle und seid auch oft drin.

Vielfache Antwort: „Bücherei, Bibliothek, Gemeindebibliothek!"

Gut, aber die Gasse heißt nicht Bibliotheksgasse, sondern Rathausgasse. Und die Bibliothek ist auch erst nach 1987 eingerichtet worden, zur gleichen Zeit wie das neue Rathaus. Trotzdem heißt sie Rathausgasse.

Renate: „Ja, aber warum heißt sie dann Rathausgasse?"

Weil dieses Haus, also die Bibliothek, früher Rathaus war. Aber das ist eine verzwickte Geschichte. Die Gasse ging früher nur bis zum Etterzaun. Dort gehen wir gleich hin. Diese kleine Gasse hatte keinen eigenen Namen; sie hieß einfach Gässle. Meine und eure Großeltern haben nur vom Gässle gesprochen. Und als später das Gässle bis zum Friedhof ausgebaut wurde, stand hier schon das Rathaus. Deshalb wurde aus dem Gässle die Rathausgasse.

Eigentlich hätte das Gässle sogar einen anderen Namen bekommen müssen, denn gebaut wurde hier gar kein Rathaus, sondern ein Schulhaus, das erste große Schulhaus.

Das war das Schulhaus von 1866. Und aus diesem Schulhaus wurde 1890 das zweite Rathaus.

Bevor wir weiter über die Schulhäuser sprechen, dürfen alle, die wollen, sich in Einzelheiten der früheren Schulen vertiefen, aber man kann natürlich auch gleich unten bei dem Abschnitt „Das Schulhaus wird zum Rathaus" weiterlesen.

Wo früher Schule gehalten wurde

Unter dem Herzog Ulrich, der in Württemberg nach der Rückkehr aus seiner Verbannung von 1534 bis 1550 regierte, und Herzog Christoph, der auf ihn folgte (1550-1568), wurden Schulen für alle Kinder gegründet. Sie hießen „Teutsche Schulen".

Herzog Christoph

Vorher gab es fast nur Klosterschulen und höhere Schulen in den Städten. Diese Schulen bildeten Kinder für die Universität aus. Manche Städte hielten sich auch einfache Lese- und Schreibschulen. Von ihnen kommt der Ausdruck „Teutsche Schulen". Da die höheren Schulen Latein lehrten, hießen diese einfach „Lateinschulen". Es gab eine Lateinschule in Pforzheim, auch eine in der Oberamtsstadt Neuenbürg. Ein Birkenfelder Schüler namens Martin Kügelin besuchte etwa zwischen 1515 und 1520 die Pforzheimer Lateinschule. Später wurde er an der Universität Freiburg Professor für Theologie.

Die allermeisten Kinder auf dem Dorf besuchten vor 1550 keine Schule. Sie mussten ihren Eltern, die Bauern waren, auf dem Feld helfen. So konnten sie in der Regel weder

69

lesen noch schreiben. Mit der Reformation sollte sich das ändern. Martin Luther wollte, dass alle Kinder Lesen und Schreiben lernten. Die Menschen sollten in der Lage sein, die Bibel selbst zu lesen.

So kam es, dass die Gemeinden Schulen für alle Kinder einrichten sollten, eben die „Teutschen Schulen". In Birkenfeld wurde wohl zu Herzog Christophs Regierungszeit die erste Schule gegründet. Der Schulbesuch war zunächst noch freiwillig und kostete auch Schulgeld. Das war bei den Bauern nicht sehr beliebt. Im Sommer behielten die Eltern ihre Kinder sowieso daheim; sie mussten bei der Arbeit helfen. Im Winter konnten sie dann zur Schule gehen, mussten aber zum Heizen Holzscheite mitbringen.

Man darf sich jedoch für lange Zeit keinen Schulbetrieb mit vielen Klassenräumen und mehreren Lehrern vorstellen. Es gab ja bei 44 Häusern im Dorf nicht viele Kinder im Schulalter. Die Gemeinde konnte irgendeinen Bürger, der lesen und schreiben konnte, als Lehrer einstellen; manchmal konnte das der Pfarrer oder der Mesner sein, auch seltener ein Bauer, ein Handwerker oder ein ausgedienter Soldat, wenn er lesen und schreiben konnte. Manchmal stellte die Gemeinde nur einen „Winterschulmeister" ein.

Das erste Schulhaus

Als man irgendwann nach 1560 auch in Birkenfeld mit Schule anfing, hatte man nicht gleich ein Schulhaus. Der Lehrer unterrichtete einfach bei sich zu Hause. Aber bald richtete man ein Schulhaus ein – meistens mit einer Wohnung für den Lehrer und mit einem Schulsaal, in den alle Kinder „hineingestopft" wurden. Das Baujahr kennen wir nicht genau, aber auf jeden Fall gab es seit 1716 ein solches Schulhaus. Das stand an dem Platz, wo man heute in Kupfi's Restaurant isst und trinkt. (siehe Seite 33)

Anfangs unterrichtete nur ein einziger Lehrer. Später – bei einer größeren Schülerzahl – konnte er einen Junglehrer (Provisor) zur Seite bekommen (1779). Der wohnte auch im Schulhaus.

Schülerzahlen

Im Jahr 1717 unterrichtete der Schulmeister Johannes Regelmann 27 Knaben und 29 Mädchen. Regelmann war 37 Jahre lang bis zu seinem 72. Lebensjahr im Amt. 1780 besuchten 60 Buben und 45 Mädchen die Winterschule – und sie wurden immer noch in einem einzigen Klassenraum unterrichtet: Ab 1799 unterrichtete man dann in Schichten, z.B. die älteren Schüler von 8-10 und von 12-14 Uhr und die jüngeren von 10-12 und von 14-16 Uhr. 1812 wurde das Schulhaus abgebrochen und mit zwei Schulsälen neu gebaut. Dieses Gebäude, bald wieder zu eng, hielt als Schulhaus durch bis 1866. Hier beginnt dann die Zeit der modernen Schulhäuser.

Das Schulhaus wird zum Rathaus

Im 19. Jahrhundert wuchs die Zahl der Birkenfelder Einwohner stetig. Um 1830 überstieg sie die Tausenderzahl. Jetzt war das alte Schulhaus zu eng – und das ging weiter und weiter. 1850 zählte man schon 1144 Einwohner. Das Oberamt drängte, der Raumknappheit ein Ende zu machen. Die Gemeinde fasste allerlei Pläne, kaufte sogar ein Haus für den Lehrer, so dass seine Wohnung im Schulhaus für den Unterricht frei wurde!

Aber das reichte alles nicht, und so entschloss man sich am Ende, ein neues, großzügiges Schulhaus zu bauen: ein Schulhaus mit drei Unterrichtsräumen und Wohnungen für zwei ständige Lehrer und einen unständigen. 1866 konnte die Schule einziehen. Hurra, wir haben ein neues, großes, schönes Schulhaus!

Und das ist genau das Haus, vor dem wir jetzt stehen, die heutige Gemeindebibliothek. Aber als Schulhaus war ihm kein langes Leben vergönnt, doch ihr seht: Das Haus steht immer noch. Es erging ihm also nicht wie der jungen Kirche, die 1875 abgebrannt war. Nein, es wurde bei steigender Einwohnerzahl ganz schnell wieder zu klein, und gleichzeitig verlangte der

Schultheiß dringend ein neues Rathaus! Das Fachwerkgebäude von 1584 war an allen Ecken und Enden auch zu eng geworden.

*Das neue Schulhaus
aus einer anderen Sicht*

So beschloss man, der Schule ein neues, größeres Schulhaus zu schenken und das Rathaus in das Gebäude von 1866 einzuquartieren: Das Schulhaus wurde 1890 zum Rathaus und das neue Schulhaus erstand an dem Platz, an dem wir unsere Wanderung angefangen haben, eure Silcherschule.

Das Rathaus blieb fast ein ganzes Jahrhundert an dieser Stelle. Statt des Jahrhundertjubiläums gab es jedoch 1989 ein großes Fest für das dritte Rathaus, unser heutiges. Gefeiert wurde auf dem Markplatz mit freiem Vesper und freien Getränken für die Bürger. Manchem soll es schwer gefallen sein, nach Hause zu kommen. Warum wohl?

Zur Erinnerung noch ein Schnelldurchgang durch die Birkenfelder Schulen. Darf man natürlich überspringen oder dann erst nachschlagen, wenn man die Schulgebäude vergessen hat.

Schnelldurchgang durch die heutigen Schulhäuser

Zunächst das uralte Schulhaus von 1560, von dem es nur Fotos aus der Zeit danach gibt.

1866 als erstes größeres Schulhaus, später Rathaus und dann Gemeindebibliothek.

Dann das Schulhaus von 1890, Name heute: Friedrich-Silcher-Schule, wird auch schnell zu eng, also Ausbau zusammen mit einer Turnhalle 1911.

Schließlich ein Sprung um gut fünfzig Jahre. Die Not nach dem Ersten Weltkrieg (1914-1918) und der Zweite Weltkrieg (1939-1945) verhinderten einen Neubau an dem seit 1912 reservierten Bauplatz oberhalb der Schillerstraße. 1964 wurde der lang gehegte Wunsch, ein großzügiges Schulhaus zu erhalten, endlich wahr. Es erhielt den Namen Ludwig-Uhland-Schule.

Die alte Schule an der Silcherstraße gab man zunächst auf, musste sie aber nach wenigen Jahren wieder für eine zweite Grundschule in Betrieb nehmen.

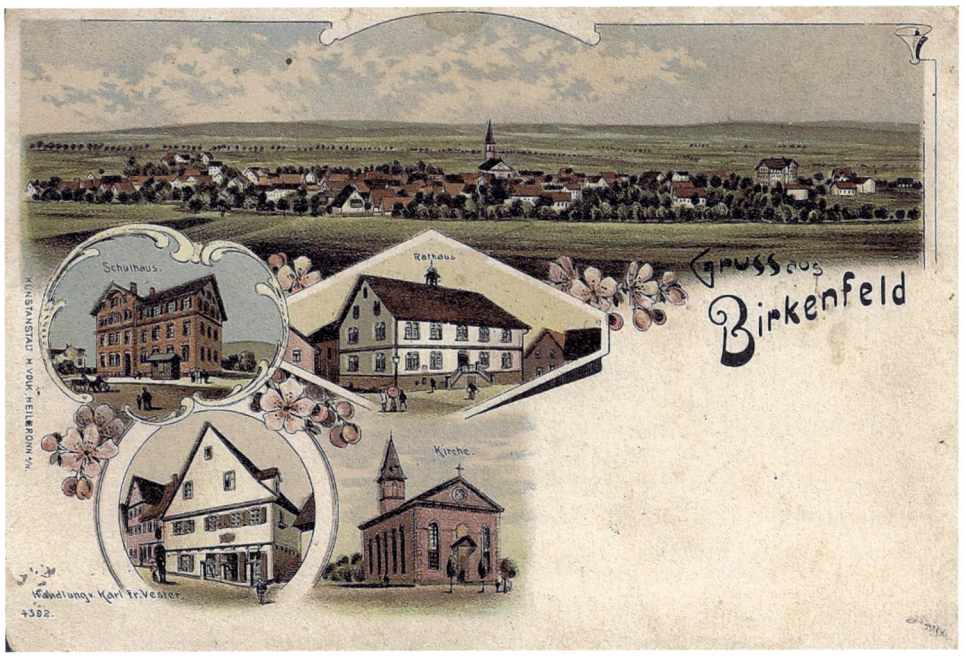

Zum Etter und zurück zur Silcherschule

Jetzt marschieren wir die Rathausgasse hoch bis zu der Stelle, wo der alte Etterzaun verlief. Es sind nur wenige Meter bis zur nächsten Kreuzung. Dort stoppen wir – und keinen Meter weiter! Marsch, Marsch!

Was war ein Etter?

Matthias rennt voraus, ruft: „Ist das die Kreuzung?"

Ja, warte!

Jetzt stehen wir am ehemaligen Zaunweg. Von hier aus gehen drei Straßen weiter. Die Straße geradeaus ist immer noch die Rathausgasse. Ihr wisst ja, wie weit die geht.

„Ja, bis zum Friedhof."

Bis vor gut hundert Jahren gab es an dieser Stelle keinen offiziellen Weg zum Wald. Den brauchte man erst, als oben im Eichwald der Friedhof angelegt wurde. Wie die Sträßchen rechts und links heute heißen, seht ihr an den Schildern.

„Kantstraße, beide Seiten Kantstraße."

Genau da, wo wir jetzt stehen, endete also im Süden der bebaute Teil des Dorfes. Und hier an dieser heutigen Straße verlief der Etter. Nach rechts und nach links. Und ein Zaun aus Holzpfosten (Palisaden) oder aus Flechtwerk oder auch eine dichte Hecke markierte die Grenze. Das war der berühmte Etterzaun. Am Zaun entlang verlief ein Weg, wahrscheinlich innerhalb des Zauns um den ganzen Ort.

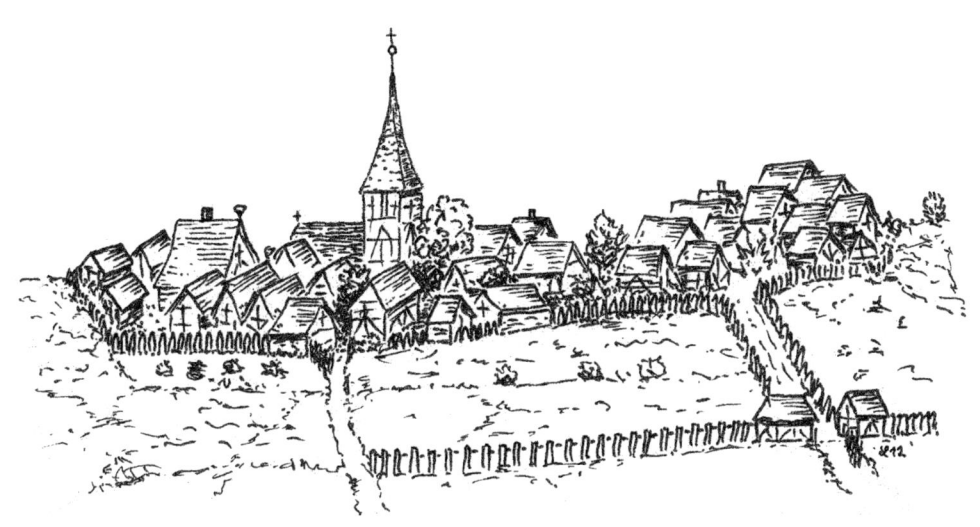

Etter um ein Dorf

Leon will wissen: *„Ja, wie kam man dann durch den Zaun ins Feld?"*

Früher hatte jeder Weg, der direkt zu einem anderen Ort führte, ein Tor. Diese Tore wurden nachts geschlossen und am Morgen wieder geöffnet.

Renate fragt nach: „Aber wozu brauchte man überhaupt einen Dorfzaun?"
„Gegen Feinde", sagt Mehmet.
„Das glaube ich nicht", meint Matthias, „ein Holzzaun hätte gegen Feinde doch nicht geholfen."
Renate: „Aber vielleicht gegen wilde Tiere?"

Ja, gegen Feinde hätte ein Holzzaun wohl nicht allzu viel Hilfe gebracht; man hätte ihn übersteigen oder einreißen können, ja sogar anzünden, aber gegen wilde Tiere war er sehr wichtig.

Hanna: „Gab es denn wilde Tiere, die im Dorf Schaden anrichten konnten?"

Ja, wir haben ja heute noch wilde Tiere im Wald, die manchmal sogar in den Ort eindringen.

Wildschwein

Leon: „Natürlich, die Wildschweine, die machen ja alles auf den Wiesen kaputt."

Hanna: „Meine Mutter sagt, sie hätte schon abends im Ort einen Fuchs gesehen."

Das kann schon sein. Es kommt durchaus vor, dass ein hungriger Fuchs im Ort nach einem Opfer sucht, meistens nachts. Früher gab es noch mehr Tiere, vor denen man seine Hühner oder seine Hasen schützen musste:

Ulrike: „Ja, Füchse und Marder."

Richtig. Auch Luchse und Wiesel stellten den Hühnern und Kaninchen nach. Füchse und Marder gibt es heute noch, auch Wiesel, doch diese sieht man selten. Luchse und Wildkatzen wurden ausgerottet, doch man würde sie gern im Schwarzwald wieder heimisch machen.

Ulrike: „Es gab doch sicher auch Wölfe?"

Ja, die gab es tatsächlich. Früher kannte man hier ein Gewann, das hieß Wolfsgrube. Dort versuchte man Wölfe zu fangen.

Matthias: „Wie machte man denn das?"

Man grub ein tiefes Loch und mauerte es aus. Dann legte man etwas Fressbares hinein, meistens ein lebendes Tier, etwa ein junges Huhn, und deckte die Grube mit dünnen Stecken und Erde ab. Wenn ein Wolf auf den Geruch des lebenden Tieres reagierte, fiel er in die Grube und kam nicht mehr heraus. Dann konnte man ihn töten. Die letzten Wölfe sollen in unserer Gegend um 1850 herum erlegt worden sein.

Mehmet: „Ich habe gehört, man will bei uns Wölfe wieder heimisch machen. Stimmt das?"

Ja, in der Zwischenzeit denkt man über Wölfe anders als früher. Ob sie aber je im Schwarzwald wieder heimisch werden, das weiß ich nicht. Soll man sich das wünschen? Was meint ihr?

Äußerungen des Zweifels, keine Zustimmungen.

Hanna: „Gab es denn auch Bären hier?"

Ja, als die Menschen den Schwarzwald eroberten, tollten hier bestimmt Bären herum, aber auch sie wurden wie die Wölfe gejagt und ausgerottet, und zwar schon früher. Gegen manche dieser Tiere half der Etterzaun schon etwas.

Leon: „Und es stimmt, dass dieser Etterzaun Tore hatte?"

Ja, natürlich, es gab einige Tore.

„Wo waren die denn?"

Ja nun, überall dort, wo Wege aus dem Flecken nach anderen Orten führen, vor allem nach Brötzingen, Dietlingen, Neuenbürg.

„Ja, und wenn man in Pforzheim zur Schule gehen wollte?"

Dann ging man halt über Brötzingen. Das war damals ein selbständiges Dorf.

Aber zur Schule nach Pforzheim ging ja in früheren Jahrhunderten kaum ein Birkenfelder. Wir wissen es nur von Martin Kügelin, der nach 1510 die Lateinschule besuchte. In den Schülerlisten des 18. Jahrhunderts findet man in der Pforzheimer Höheren Schule keinen Birkenfelder Namen. Aber die Bauern verkauften auf dem Pforzheimer Markt ihre Erzeugnisse, und vor allem kamen die Birkenfelder häufig nach Brötzingen, und ihr erinnert euch auch, warum Brötzingen für Birkenfeld ganz wichtig war.

„Ja, wegen der Kirche."

Und deshalb musste der Kirchweg ein „Brötzinger Tor" haben, und so war es auch bei Dietlingen und bei Neuenbürg.

Ulrike: „Ja, und wie war es mit Gräfenhausen? Da gingen die Birkenfelder doch auch häufig hin".

Renate: „Ja, ich habe gehört, Birkenfelder hätten oft Frauen aus Gräfenhausen geheiratet."

Das ist richtig. Es gab reichlich Verbindungen mit den „Klemmern". Für Neuenbürg und Gräfenhausen brauchte man wahrscheinlich nur ein Tor. Das stand wohl am Ende der Gemeinen Gasse, und nach dem Tor teilte sich der Weg. Das zeige ich euch, wenn wir an diese Stelle kommen.

Mehmet: „Ja, und hier an der Rathausgasse war wirklich kein Tor?"

Nein, ich habe ja gesagt, ein vernünftiger Weg hier hinauf wurde erst gebraucht, als man den Friedhof oben im Wald hatte. Da gab es den Etterzaun schon lange nicht mehr.

Hanna: „Seit wann gibt es denn den Etterzaun nicht mehr?"

Das ist eine gute Frage. Aus der Bebauung Birkenfelds wird klar, dass die Ortsgrenze, die den bewohnten Teil des Fleckens von der Allmend trennte, für das Bauen bis gegen Ende des 19. Jahrhunderts galt. Jenseits des Etters durfte nicht gebaut werden. Als es aber keine Wölfe mehr gab, galt die Grenze immer noch, nur der Zaun war nicht mehr so wichtig und wurde mehr und mehr vernachlässigt. Wann er bei uns völlig verschwand, kann man nicht eindeutig sagen.

Aber noch einmal zurück zu den Öffnungen am Etterzaun. Zusätzlich waren am Zaun an einigen Stellen auch „Stigel", also Überstiege, und Luken, die sich öffnen ließen, wenn man aufs

Feld oder zum Wald gehen wollte. Wer am nächsten bei einer Luke wohnte, war für das Schließen am Abend zuständig.

So, von hier aus gehen wir zunächst weiter in westlicher Richtung und wir marschieren ab jetzt fast immer am alten Etter entlang – bis wir wieder bei der Silcherschule ankommen.

Matthias: „Und hier entlang lief immer noch die Ortsgrenze?“

Immer noch.

„Ja, auch der Etterzaun?“

Ja, auch der Etterzaun.

Die Heergasse und der Burgweg

Nach hundert Metern stoßen wir schon auf die nächste Gasse. Sie kommt wie die Rathausgasse aus dem Ort und geht wie die Rathausgasse Richtung Friedhof. Auf einer alten Karte steht sogar „nach Engelsbrand“. Den heutigen Straßennamen kennt ihr?

„Herrgasse!“

Genau, so sagt man, und wie schreibt man Herr?

„Mit zwei r.“

Hanna: „Aber dort ist doch das Straßenschild. Dort steht Heergasse, mit zwei e und einem r geschrieben. Das bringt mich durcheinander.“

Kein Wunder, dass dieser Straßenname uns Rätsel aufgibt. Wir schreiben tatsächlich Heergasse und sagen Herrgasse. Aber wer hat jetzt Recht? Hat die Gemeinde mit zwei e einen Bock geschossen? Oder sprechen wir den Straßennamen bloß falsch aus? Die Antwort ist nicht leicht. Kirchweg versteht jeder, Mühlweg versteht jeder und Schmiedgasse auch. Warum aber Heergasse mit zwei e? Ganz bestimmt hat das Wort nichts mit „Heer" zu tun, auch wenn man's so schreibt.

Leon: „Könnte das nicht doch sein, dass früher hier Heere heraufgezogen sind? Es hat doch immer so viele Kriege gegeben?"
Matthias: „Vielleicht sogar römische Soldaten?"

Nein, Heere sind hier wohl nicht heraufgezogen. Aber Tiere sind früher hier in den Wald hinaufgezogen, um dort zu futtern. Was für Tiere könnten das gewesen sein?

„Schweine, Ziegen, Schafe, Kühe" – alle reden durcheinander!

Jawohl, alle Antworten stimmen, auch die Kühe futterten das Waldgras, aber der Wald bot vor allem Nahrung für Schweine, Ziegen und Schafe. Eicheln und Bucheln fressen diese Tiere für ihr Leben gern. Und wie nennt man eine Menge Schweine oder Schafe auf einem „Haufen"?

„Eine Herde."

Genau, und die Birkenfelder Bauern trieben ihre Tiere tatsächlich hoch in den Eichwald. Pfarrer Christlieb schrieb 1824 „Heerdgasse". Und als man an den Straßen Schilder anbrachte – erst nach 1900 –, schrieb man für Heerdgasse „Heergasse". Der Weg von Heerdgasse zu „Heergasse" war nicht weit. Bei der

Aussprache verschlucken manche das „d" und das „e" am Schluss und schon sind wir bei der „Herrgass".

Auf Rechtschreibung achtete man früher nicht so genau. In einem amtlichen Dokument von 1914 steht auch „Göthestraße". Eine solche Nachlässigkeit wäre eine mögliche Erklärung. Ob sie stimmt, ist eine andere Frage. Aber „amtlich" geschrieben, war eben geschrieben.

Für die Weide im Wald hatte die Gemeinde Hirten angestellt: einen Kuhhirten, einen Schweinehirten und einen Geißhirten. Die trieben die Tiere hinaus in den Wald. Abends war Torschluss. Und das ging so bis etwa vor hundert Jahren. 1914 wurde dem Schweinehirten als Letztem gekündigt. Das Weiden der Tiere im Eichwald war vorbei.

Übrigens: Wenn man die Heergasse hinabgeht, kann man die Hauptstraße überqueren und kommt auf die Schmiedgasse.

Matthias: „Ja, das weiß ich, aber gab es dort früher tatsächlich einen Schmied?"

So ist es, und später sehen wir die Schmiedgasse von der anderen Seite; wir laufen aber nicht durch.

Jetzt geht es weiter. Die kleine Treppe hinauf und wir sind auf der Lindenstraße, und immer noch am Etter. Nach wenigen Metern biegen wir in eine Gasse nach rechts ab. Die nehmen wir dann.

Schon sind wir da. Hier an dieser Stelle machte der Etterzaun einen Knick, und wir gehen jetzt den alten Zaunweg hinab zur Hauptstraße. Dieser Teil heißt heute Birkenstraße.

Wieder einige hundert Meter weiter stehen wir an der Hauptstraße, ehemals Gemeine Gasse. Diese Dorfstraße endete hier und ging in zwei Wege über: in den Burgweg und in den Gräfenhäuser Weg. Der Burgweg heißt heute noch so wie in uralter Zeit. Der Gräfenhäuser Weg heißt heute Herrenalber Straße. Burgweg und Gräfenhäuser Weg hatten vermutlich ein gemeinsames Tor.

Burgweg im 20. Jahrhundert

Am Burgweg stand freilich keine Burg. Das war der Weg, den man einschlug, wenn man früher nach Neuenbürg lief, fuhr oder ritt. „Burg" erinnert natürlich an die alte Burg in Neuenbürg. Vom Burgweg aus kam man vor dem Wald in die Straße nach Neuenbürg. Das ist die alte Landstraße von Pforzheim nach Neuenbürg gewesen; heute Landstraße 338a. Bis 1861 war dies die einzige gute Verbindung mit der Oberamtsstadt. Heute endet der Burgweg nach 400 Metern.

Ein unterirdischer Gang
von Birkenfeld zum Neuenbürger Schloss?

Vor vielen Jahren behaupteten manche Birkenfelder, es habe ganz früher einen unterirdischen Gang von Birkenfeld zum Neuenbürger Schloss gegeben. Im Bergwald oberhalb vom Friedhof könne man Spuren des alten Eingangs entdecken. Diese Legende ist natürlich falsch. Auch in Neuenbürg hat es keinen unterirdischen Gang von der Waldenburg zum Alten Schloss gegeben.

Die Birkenfelder Legende folgte vielleicht der älteren Neuenbürger Geschichte. Vielleicht hat man auch in Birkenfeld die Reste von früheren Grabungen nach Erz entdeckt und sie für den Eingang in einen unterirdischen Gang nach Neuenbürg gehalten.

Die Herrenalber Straße mündet heute oben in die Gräfenhäuser Straße; diese wurde erst 1927 gebaut und führt als Kreisstraße 4576 nach Obernhausen und Gräfenhausen. Der alte Gräfenhäuser Weg ist als Radweg noch ein Stück weit vorhanden.

Der Etter setzte sich natürlich nach der Straßenkreuzung fort. Kurz nach dem Gräfenhäuser Weg machte er einen Knick in Richtung Flecken und dann einen weiteren, so dass er das Dorf oberhalb der Häuser erreichte.

Wir müssen den heutigen Straßen folgen: zuerst ein paar Schritte bis zur Gräfenhäuser Straße und dann rechtsum in Richtung Ort. Wir kommen schnell zum Ortsende, das den merkwürdigen Namen „Im Eck" trägt. Hier gab es nämlich früher keinen Durchgang nach Gräfenhausen. Genaueres findet man im Abschnitt „Straßenbau in Birkenfeld".

Zuerst können Interessierte auch etwas über den Straßenbau nach 1900 lesen.

Straßenbau in Birkenfeld

Gegen Ende des 19. Jahrhunderts war in Birkenfeld klar geworden, dass das bebaute Gebiet innerhalb des Ortsetters für die wachsende Zahl der Einwohner nicht mehr ausreichte. So machte sich die Gemeinde schließlich daran, einen Bebauungsplan und einen Straßenplan auszuarbeiten.

Folgende heutige Straßen wurden zwischen 1910 und 1914 geplant und bis um 1930 auch gebaut: Baumgartenstraße, Silcherstraße, Goethestraße, Bergstraße, Karlstraße, Langwiesenstraße, Marktstraße (heute Daimlerstraße), Panoramastraße, Uhlandstraße, Zeppelinstraße, Hohwiesenstraße, Gartenstraße, Schillerstraße.

1912 noch nicht geplant war die heute so wichtige Gräfenhäuser Straße; es gab ja den Gräfenhäuser Weg. Zwei der in den 1920er-Jahren gebauten Straßen spielten eine wichtige Rolle während der damaligen Arbeitslosigkeit: die Baumgartenstraße (1924) und die Gräfenhäuser Straße (1927). Die Gemeinde stellte hier Arbeitslose eine Zeitlang in Notstandsarbeit ein; diese konnten so ihr mieses Arbeitslosengeld etwas aufbessern.

Die Baumgartenstraße ließ sich erst 1924 bauen, nachdem es den Marktplatz gab (vgl. Seite 53 und folgende).

Beim Bau der Gräfenhäuser Straße musste „Im Eck" ein Durchbruch geschaffen werden, drei Häuser wurden abgebrochen, vier Familien mussten andere Wohnungen erhalten.

Im Eck

Zaungässle und alter Kindergarten

Der Etter war oberhalb des „Ecks" auf die Häuser getroffen, und aus dem Eck heraus führt noch heute ein kleiner Verbindungspfad zwischen zwei Häusern hinauf zum früheren Etter: das sogenannte Zaungässle. Dieses ist jetzt unser Ziel. Wir sehen uns „Im Eck" um, erblicken die Dietlinger Straße und erkennen die Schmiedgasse. Dann marschieren wir im Gänsemarsch das Zaungässle hinauf.

Zaungässle

87

Oben an der Querstraße halten wir kurz; es ist der Heubuckelweg. Die neue Straße jenseits des Heubuckelwegs führt
heute den Namen „Zaungässle" weiter, doch der Etter
schwenkte recht schnell nach Osten Richtung Dietlinger Straße.
Von dort zog der Etterzaun über die „moderne Gartenstraße"
weiter nach Osten ungefähr bis zur heutigen Goethestraße.
Dann schwenkte er nach Süden und traf bei dem alten
Nahwiesenbrunnen auf den Etterzaun, der vom Dorf her kam.
Eure Schule lag also, wie wir schon am Anfang gesagt haben,
außerhalb des bebauten Dorfes. Der Bau der Schule war ja
gleichsam der Startschuss, den Ort über die ehemalige Dorfgrenze hinaus zu erweitern.

Das alte Nahwiesenbrünnle.
Von hier aus zweigte der Etter nach Norden und Osten ab.

Die Eichen auf der früheren Spielwiese des Kindergartens im März

Die alte Kelter – der erste Kindergarten

Wir machen uns jetzt auf den Rückweg zur Schule, wie gesagt, immer auf dem alten Zaunweg. Zuerst zeige ich euch jedoch eine Stelle, die früher für den Ort ganz wichtig war. Das ist schon gleich hier, linker Hand. Ihr seht die zwei alten Eichen in der Wiese. Diese war früher der Spielplatz des ersten Birkenfelder Kindergartens. Das Gebäude war eine Kelter gewesen. Sie stand am Dietlinger Weg und reichte bis hinauf zum Heubuckelweg. Unmittelbar hinter dem Etter war sie gebaut worden; nachweisbar ist sie seit 1566. Also war die Kelter älter als das Historische Rathaus. Um 1900 brauchte man sie nicht mehr; der Weinbau in Birkenfeld war nämlich zurückgegangen. Man suchte eine neue Verwendung und vermietete das Gebäude an die Kirche. Diese eröffnete dann dort 1910 den ersten Kindergarten in Birkenfeld.

1926 viele Kinder mit nur zwei „Schwestern"

1980 brannte das Gebäude aus. Der Gemeinderat war froh, das alte Gemäuer loszubekommen, und ließ es sofort abreißen. Dass es das älteste Gebäude im Ort war, das wurde leider nicht berücksichtigt. Zu diesem Zeitpunkt gab es jedoch – mit Gräfenhausen – schon fünf andere Kindergärten. Man „brauchte" das alte Gemäuer nicht mehr.

Am Ausgangspunkt

So, jetzt haben wir den alten Birkenfelder Ortskern ganz umwandert. Wir haben vieles erfahren: Wir haben von Kelten, Römern und Germanen gehört, wir haben die alten Gassen gefunden und auch neuere Straßen gesehen; wir haben von der Kirche gehört, von den Schulen, den Rathäusern und der Mühle.

Ab und zu hörten wir auch vom Leben der Birkenfelder, aber immer nur Streiflichter. Jetzt wollen wir noch mehr wissen: Wie ihre Häuser aussahen, wovon sie lebten, wie sie feierten und noch manches mehr.

Friedrich-Silcher-Schule   *um 1900*

Evangelische Kirche

Unten:
Ehemaliges Pfarrhaus

Teil 2

Wie die Birkenfelder lebten

Die Hütten und die Häuser

Die ersten Germanen, die hier am Dorfbach siedelten, waren ja Alemannen. Doch in der berühmten Schlacht von 496 nach Christus hatte der Frankenfürst Chlodwig die Alemannen besiegt. Diese traten nach der Niederlage gegen die Franken zum Christentum über. So sind auch noch fränkische Siedler in unseren Raum gekommen, vielleicht auch nach Birkenfeld. Unsere hiesige Mundart hat sehr deutlich fränkische Laute.

Fränkische Laute in der Birkenfelder Mundart
„Eier" und „oben"

Zu Ostern färbt man Eier. Wir sagen aber meistens „Aier" – das ist ein breiter fränkischer Doppellaut. Schwäbisch heißt es deutlich „Oier" (mit breitem „oi").

Das Schlafzimmer liegt meistens im Haus oben. Wir sagen mundartlich eindeutiges, aber kurzes fränkisches „owwe". Schwäbisch heißt es „oobe" mit deutlichem langen „o" und – fast explodierendem – schwäbischen „b".

Alle diese Siedler – Alemannen und auch Franken – wollten in einer neuen Gegend leben. Diese sollte dünn besiedelt sein und viel Platz für Ankömmlinge haben. Oft siedelten die Ankömmlinge in Neuland, das fast nur aus Wald bestand. Sich das Leben sichern – das bedeutete dann, den Wald zu roden und sich Ackerland zu beschaffen. Das Ackerland wurde die Grundlage für den Lebensunterhalt. So wurden die Siedler zu Bauern und Waldarbeitern.

Wenn gerodet wurde, musste man sich eine Unterkunft herstellen, also selber eine Hütte oder ein Haus bauen. Jetzt musste der Siedler auch noch Zimmermann sein. War das Land fruchtbar, blieb man dort sitzen. Oft wurde aus den ersten paar Häusern an einem Bach eine richtige Siedlung, und die meisten Wohnplätze gab man nicht mehr auf. Wir haben schon gelesen, dass in Birkenfeld nach dem Jahr 600 Alemannen und vielleicht auch Franken siedelten – diese Siedlung ist bestimmt nie mehr aufgegeben worden. Irgendwann bekam sie den Namen Birkenfeld.

Wir wiederholen, was wir schon von ihren Wohnungen gehört haben. Sie wohnten nicht mehr in Höhlen, sondern in Hütten oder Häusern. Diese Wohnungen waren einfacher, je weiter man in der Zeit zurückgeht. Die Germanen hatten noch keine festen Steinhäuser mit Ziegeldach. Die lernten sie erst kennen, als sie sich in unserem Raum ansiedelten. Lange blieben sie aber noch bei einem Haus mit nur einem Wohnraum, und auch den Steinbau übernahmen sie nur zögernd (siehe Seite 43).

Das alemannische Haus

In Birkenfeld hatten die Bauern meistens einen Streifen Land, der bis zum Etterzaun reichte. So bauten sie in der Regel das Wohnhaus mit dem Stall auf die Straßenseite und hinter dem Haus einen Hof und die Scheuer. Hinter dem Wohnbezirk legten die Bewohner einen Garten an. Für den Heuwagen baute man oft in der Mitte des Wohnhauses einen hohen Durchgang ein. Das heutige Haus Hauptstraße 12 bei der Schule ist zwar viel jünger, aber es hat dennoch die alte Bauweise bewahrt. Ein Haus hatte, wie ihr gehört habt, öfter zwei Wohnungen, manchmal in einem zweiten Stockwerk.

Das fränkische Haus

Man konnte aber die Scheuer und den Stall auch in einem einzigen, meistens zweistockigen Gebäude unterbringen. Im Erdgeschoss befand sich dann auf der einen Seite der Viehstall, auf der andern die zweistöckige Scheune. Die Wohnung lag über dem Viehstall und ließ sich meistens über eine Außentreppe erreichen. Man nannte dieses Haus „Einhaus", ein „Wohnstall-Haus". Solche Häuser sieht man heute noch in dem jüngeren Ort Waldrennach.

Später gab es auch für Handwerker oder Tagelöhner einfache Häuser ohne Scheune.

Einhaus mit Scheune und Wohnung über dem Stall

Der „Komfort" daheim

Die Wohnung bestand anfangs oft nur aus einem einzigen Raum: Küche, Wohnzimmer und Schlafzimmer, alles zusammen. Toiletten besaßen diese Häuser nicht. Der Viehstall diente als Toilette für die Bewohner. Oder man baute im Hinterhof ein Toilettenhäuschen. Diese Sitte blieb bis ins 19. Jahrhundert erhalten.

Toilettenhäuschen

Alle diese Häuser hatten keine Wasserleitung, auch das Toilettenhäuschen nicht; das Wasser holte man aus den Brunnen.

Vielleicht hatte man einen solchen auf dem eigenen Stück Land oder man musste das Wasser von einem öffentlichen Brunnen herbeischleppen. Birkenfeld besaß eine Reihe von Brunnen, zum Beispiel einen vor dem Historischen Rathaus. Große Wäsche machte man am Dorfbach oder in der Enz, in den Brunnen war Waschen streng verboten. Wasser und Toiletten in den Häusern gibt es erst seit etwa hundert Jahren, Bad und fließendes Wasser auf der Toilette erst seit einem halben Jahrhundert! Die Römer, die in Birkenfeld gewohnt haben, waren viel moderner gewesen!

Häusliches Baden vor hundert Jahren?

Vor 1915 hatten die meisten Birkenfelder Wohnungen kein fließendes Wasser. Niemand besaß ein Badezimmer. Man wusch sich in der Küche. Als man fließendes Wasser hatte, kamen Zinkbadewannen auf. Die stellte man im Keller auf und legte sich dort einen Waschkessel zu, der mit Holz oder Kohle zu heizen war. Üblicherweise wurde am Samstagabend der 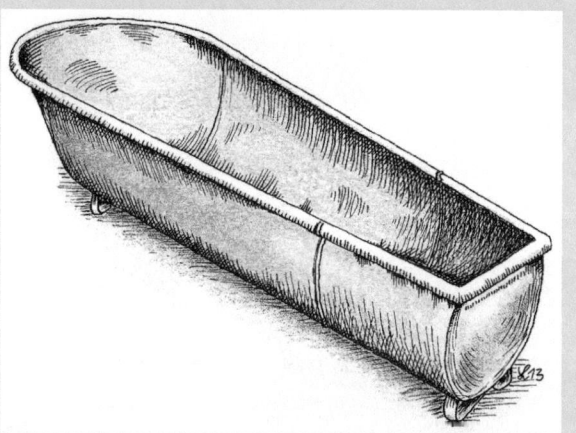 *Waschkessel in Betrieb genommen und alle Mitglieder der Familie konnten (oder mussten!) baden.*

Kleine Kinder wurden meistens zu zweit in die Badewanne gesteckt und in einer großen Familie musste oft eine Wanne mit heißem Wasser für zwei Personen herhalten. Das Badezimmer in der Wohnung und die Toilette mit fließendem Wasser – das sind Errungenschaften, die erst das Wirtschaftswunder nach 1950 mit sich brachte.

Wovon die Birkenfelder lebten

Der Birkenfelder – Bauer und „Hobby-Handwerker"

Die ersten Birkenfelder lebten ja als Bauern. Sie konnten aber auch einfache Handwerksarbeiten verrichten. Holz fällen und dieses verarbeiten war die zunächst wichtigste Tätigkeit. Die Frauen konnten spinnen und weben. Man stellte alles, was man brauchte, selber her – die Nahrung und die Kleider. Nur wenige spezialisierten sich auch auf eine handwerkliche Tätigkeit. Bei ihnen kam die Landwirtschaft an zweiter Stelle.

Mittelalterlicher Holzpflug aus dem Sachsenspiegel

Oft bildeten sich die Nachnamen nach einer handwerklichen Tätigkeit. Die ersten Berufsnamen finden sich in einer Steuerliste von 1471: Als Beispiel nehmen wir den Namen „Müller". In der Liste erscheinen nämlich vier „Müller": Cuntz, Heintz, Hennßlin und Hanns. Das ist nicht verwunderlich; schließlich hatte ja Birkenfeld schon seit 1332 seine Mühle. Da konnte sich in 150 Jahren der Berufsname Müller leicht durchsetzen – aber nicht jeder Mensch mit diesem Namen war später ein „Müller". Die Türkensteuerliste von 1545 weist noch zwei weitere Müller auf, aber nur einen „richtigen" Müller – und der heißt Georg Sapper. In der Bürgerliste von 1748 findet man sogar 16 Müller (nur Erwachsene), aber keiner ist der Birkenfelder Müller. Der heißt Samuel Bäzner!

Im Lauf der Zeit brauchte man natürlich einen Zimmermann, einen Schlosser, einen Schreiner, einen Metzger, einen Schuster, einen Krämer, einen Bäcker. Die lebten dann in der Hauptsache von ihrem Beruf. Aber noch einmal: In den ersten Jahrhunderten gab es nur wenige Handwerker. Die meisten Bauern konnten die wichtigsten Handarbeiten selbst verrichten; heute würde man sie „Hobby-Handwerker" nennen.

Weitere Handwerkernamen

Die Steuerliste von 1471 bringt auch die Namen „Murer" (Maurer), Schnider (Schneider) und Schütz. Die uralte Schmiedgasse erinnert an einen Schmied. Sonst findet sich in den alten Wegen und Gassen kein Handwerkername. Als einige andere Handwerker sich auch in Birkenfeld heimisch machten, gab es keine Gassen mehr, die man nach ihnen hätte benennen können.

Die Zahl der Handwerker nahm jedoch allmählich zu. In der Herdstättenliste von 1525 finden sich folgende Handwerkernamen: Als erster Name „Weber", in vielen Häusern wurde gewebt; dann immer wieder Murer, Schütz, Schnider, ein Küfer (der stellte Fässer für den Birkenfelder Wein her), ein Scherer (schert Schafe), ein Schäffer (hütet Schafe), ein Beck (Bäcker). Das muss nicht heißen, dass alle diese Berufe 1525 in Birkenfeld ausgeübt wurden, aber die Namen zeugten davon, dass es solche Handwerker schon gab.

Webstuhl

Pfarrer Christlieb zählt uns 1825 genau auf, wie viele Handwerker zu seiner Zeit in Birkenfeld lebten, aber er betont: „Viele treiben das Handwerk gar nicht oder bloß für den Hausbedarf" – sonst sind sie eben Bauern:

23 Weber, 11 Schneider, 9 Maurer, 8 Schuhmacher, 6 Zimmerleute, 4 Ziegler, 6 Becken, 5 Küfer, 3 Kübler, 4 Schreiner, 1 Siebmacher, 5 Wagner, 4 Schmiede, 1 Metzger, 1 Mahlmüller, 1 Sägmüller, 1 Feldmesser, 2 Hebammen; 1 Chirurg. Der Chirurg ist ein Barbier, also ein Mann, der auch ein wenig von Krankheiten versteht. - Einen Arzt gibt es noch nicht im Ort.

Fragen 7: Was machen folgende Handwerker oder Händler?
a) Schuster; b) Krämer; c) Ziegler; d) Küfer; e) Kübler;
f) Wagner; g) Feldmesser.
h) Warum hat Birkenfeld 1825 nur einen einzigen Metzger?

Feldmesser

Ackerbau und Schweinezucht

Die Bauern lebten von ihren eigenen Erzeugnissen, verkauften sie aber auch, vor allem in Pforzheim auf dem Markt. Sie betrieben Ackerbau, auch Obstbau und Weinbau. Wichtig waren Hühnerzucht und Schweinezucht. Als Fuhrwerk besaß der Bauer einen Leiterwagen. Kühe oder Ochsen zogen den Wagen. Mit ihm transportierte man die Erträge der Grundstücke nach Hause: zweimal im Sommer das Heu, die Erträge des Ackerlandes, zum Beispiel Korn, später auch Kartoffeln, den gekelterten Wein im Fass.

Wenn das Wetter mitmachte, wenn die Familie nicht zu groß und der Bauer fleißig war, konnten sie ohne Weiteres von ihren eigenen Erzeugnissen leben – nicht großartig, aber doch, ohne hungern zu müssen. Wir lesen an anderer Stelle von Zeiten, in denen einige Jahre hindurch das Wetter mit Regen oder Trockenheit verrücktspielte und die Leute in große Schwierigkeiten stürzte.

Leiterwagen mit zwei Kühen

Ernten, Zehnter, Frondienst und Leibeigenschaft

Das Land, auf dem der Bauer wohnte und arbeitete, gehörte ihm aber nicht so richtig. Er hatte es von seinem Landesherrn „zu Lehen", wie man sagte, also wie „ausgeliehen" oder „gepachtet". Der „Besitzer" war eigentlich der Landesherr, in unserem Fall der Graf von Württemberg, später der Herzog, ab 1806 gar der König. Die Bauern mussten als Steuer einen Zehnten von den Erträgen ihres Guts an die Herrschaft abliefern. Außerdem sind manche verpflichtet, der Herrschaft auch bestimmte Dienste zu leisten, sogenannten „Frondienst". Vererben und Verkauf des „Besitzes" war aber möglich; die Verpflichtungen mussten jedoch auch übernommen werden.

Diese Rechtslage dauerte an bis in die Mitte des 19. Jahrhunderts.

Einige wichtige Wörter und ihre Bedeutung

Urkunde: Schriftstücke aus früheren Jahrhunderten, amtliche Schreiben oft mit Siegel.

Der Zehnte: Besteuerung von Erträgen der Bauern. Sie mussten den zehnten Teil ihrem Lehnsherrn abliefern – entweder der Kirche oder dem Landesherrn.

Zehntscheuer: Eine große Scheune, in welcher der Zehnte gespeichert wurde.

Lehen: Eigentlich gehörte alles Land dem höchsten Herrn, zum Beispiel dem König. Der gibt sie irgendwelchen Adligen (Fürsten oder Rittern) zu Lehen oder auch einem Kloster. Dafür muss der Lehensmann (der Vasall) dem König helfen, zum Beispiel im Krieg. Der Fürst gibt sein Lehen (Land) zum Teil weiter an die Bauern. Sie zahlen ihm nicht nur den Zehnten, sie müssen ihm auch bestimmte Dienste tun, als Frondienst zum Beispiel Holz von Birkenfeld zum Schloss Neuenbürg transportieren.

Es gab natürlich auch Steuern, die in Geld zu bezahlen waren, zum Beispiel der Herdstättenzins.

Währung: Guldenwährung (in Württemberg verbreitet): 4 Batzen machen einen Kreuzer, 60 Kreuzer ergeben 1 Gulden.

Pfundwährung: Heller: eine kleine Münze. 2 Heller machten einen Pfennig, 480 Heller ein Pfund.

Bis 1874 gab es in Deutschland kein einheitliches Geld. Man hatte Mark, Pfund, Taler, Gulden als großes Geld und viele kleine Münzen. Man konnte aber in den einzelnen Ländern mit üblichem Geld bezahlen, man musste nur gut umrechnen können; man verwendete nämlich nicht die Zehnerrechnung (Dezimalrechnung), sondern häufig die Zwölferrechnung. Zum Beispiel sagte man zu zwölf Eiern „ein Dutzend Eier".

Fragen 8:
a) Wie viele Pfennige machten ein Pfund?
b) Welches Land hat heute noch das Pfund als Zahlungsmittel?
c) Es gibt ein weltbekanntes Land, das noch den Taler hat. Er wird aber nur so ausgesprochen, jedoch anders geschrieben. Wie heißt dieses Land?
d) Welcher deutsche Nachname erinnert an den Lehensmann?

An zwei Beispielen wird jetzt erläutert, wie das mit dem „Zehnten" in der Praxis vor sich ging.

Ernten und Dreschen

Das Korn musste damals mit der Sense geschnitten und zum besseren Transport in Bündel gebunden werden. Diese Bündel hießen Garben. Einige Garben stellte man in einer Pyramide zusammen. Bevor man abfuhr kam ein Beauftragter, zählte die Garben und warf jede zehnte mit einer Stange um. Diese sammelte er getrennt von den anderen Garben ein und lieferte sie in einer Zehntscheuer ab.

Die Birkenfelder Zehntscheuer stand vermutlich in der „Gemeinen Gasse", dort wo sich heute der Bioladen „Birke"

befindet. Die Leute nannten das Gebäude „Die Burg". Von dort wurde der „Zehnt" dann weiterbefördert, etwa nach Neuenbürg oder Herrenalb.

Die ehemalige „Burg"

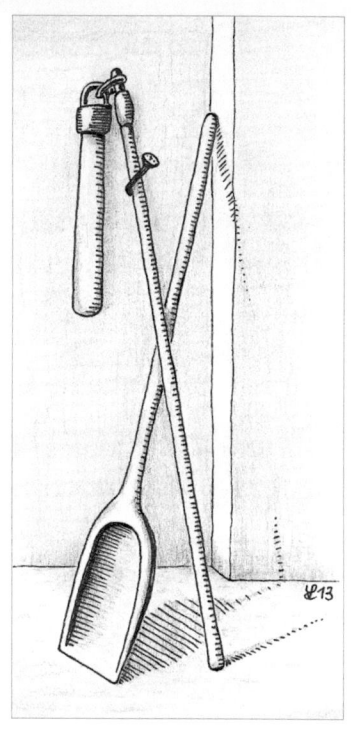

Dreschflegel und Schaufel

Auch der Bauer musste seinen Ertrag natürlich vom Feld holen und dann dreschen. Dazu gab es einen hölzernen Dreschflegel; mit diesem schlugen mehrere Personen im Takt auf die Ähren ein, sodass man dann die Körner einsammeln konnte. Das war eine mühsame Arbeit. Später stand in Birkenfeld eine Dreschhalle mit Dreschmaschine; die besorgte das Dreschen schneller, doch musste man manchmal einige Stunden warten, bis man an die Reihe kam.

Keltern

Beim Wein lief es etwas anders. Der Birkenfelder Wein wuchs zum großen Teil auf Dietlinger Markung, nur ein paar Weinberge standen in der Tiefenbach (unterhalb der Alten Pforzheimer Straße). Aber den Zehnten mussten sie in jedem Fall entrichten, auf Dietlinger Markung dem Markgrafen von Baden und auf württembergischer dem eigenen Landesherrn. Die entsprechende Menge für den Zehnten wurde gleich beim Pressen abgenommen – und zwar gleich zu Beginn. Das war der beste Tropfen. Aber wenn es ein gutes Jahr war, konnten die Birkenfelder Wein verkaufen und bekamen noch genug für sich.

Gräfenhäuser Kelter

So schrieb der Pfarrer Christlieb 1825: „Auch legen sich die Meisten neben ihrem Obstmost noch ein oder etliche Imi Wein in den Keller, mit dem sie jedoch immer bald fertig seien." Das Imi ist ein altes Maß, knapp 19 Liter. Da wäre der Bauer mit einem Imi nicht weit gekommen!

Der „Zehnte" für den Pfarrer

Der Birkenfelder Pfarrer erhielt von der Gemeinde als Teil seines Gehalts „einen Eimer Wein, württembergisch Maß". Was meint ihr: Waren das wohl 15 Liter, 100 Liter, 294 Liter?

Es waren 294 Liter und der Pfarrer musste nicht alles selbst trinken; er konnte auch einen Teil davon verkaufen.

Pfarrer Christlieb war ein Weinkenner. Ihm schmeckte der Birkenfelder Wein nicht so gut. Er stellte bei der Gemeinde den Antrag, sie sollten ihm Gräfenhäuser Wein liefern, der sei besser. Die Gemeinde stimmte zu, aber unter einer Bedingung: Den Fuhrlohn müsse er selbst bezahlen.

Leibeigene

Von ihnen gab es nur wenige in Birkenfeld. Ihre Pflichten gegenüber dem Lehnsherrn unterschieden sich nur gering von den Auflagen der anderen Bauern. Sie durften nicht einfach heiraten oder wegziehen; dazu brauchten sie die Genehmigung ihres Leibherrn. Sie mussten eine zusätzliche Leibsteuer bezahlen, wurden aber alle drei Jahre am zweiten Weihnachtstag in Liebenzell zu einem sogenannten Weismahl, einem ausführlichen Frühstück, eingeladen. Wie diese Leibeigenschaft im Einzelnen zustande kam, wissen wir nicht.

Diese Verpflichtungen reichten bis ins 19. Jahrhundert, wurden dann aber allmählich durch Bezahlung „abgelöst".

Erholung und Feste

Natürlich kann der Mensch nicht nur arbeiten; er braucht auch Entspannung. Wir freuen uns heutzutage vor allem über Entspannung im Urlaub, aber natürlich auch über das freie Wochenende.

Ein Bauer hat nie ein völlig freies Wochenende; er muss sich auf jeden Fall um sein Vieh kümmern. Und Urlaub? Das gab es in den alten Zeiten nicht. Man hatte aber das Jahr hindurch mancherlei Feiern, die ein paar Stunden etwas anderes als Arbeit brachten. Für junge Leute hielt man bei schönem Wetter Tanz unter der Linde, zum Beispiel den Maientanz.

Die Birkenfelder Linde stand ungefähr dort, wo wir heute die Gemeindebibliothek sehen. Ein Sturm stürzte sie jedoch im September 1706 um. Bald entstanden auch Gasthäuser, in denen man sich zum Austauschen von Neuigkeiten, zum Tanzen und zum Trinken treffen konnte.

Die Kirche bestand auf dem arbeitsfreien Sonntag; den sollte auch der Bauer so arbeitsfrei wie möglich halten. Neben den heute noch bekannten Kirchenfesten Ostern und Weihnachten, gab es auch an zahlreichen kirchlichen Tagen besondere Feste. Diese konnten manchmal auch bis zur Ausgelassenheit führen. So waren die Menschen am Fastnachtsdienstag schon immer in besonderer Weise losgelassen; denn ab dem nächsten Tag, dem Aschermittwoch, begann die strenge Fastenzeit.

„Zu den drei Raben" (1899), heute „Birkenfelder Hof"

Früher feierte man auch die Kirchweih nicht bloß im Gottesdienst, sondern bei reichlich Kaffee und Kuchen sowie mit Besuch durch Verwandte, mit Karussell und Schiffschaukel sowie abends mit Kirchweihtanz. Den Kirchweihsonntag feiert die Gemeinde heute noch mit einem besonderen Gottesdienst und einem fröhlichen Nachmittag.

Wie Nachnamen entstehen

Anfangs hatte man bei den Siedlern nur einen einzigen Namen, zum Beispiel Hans; das war der damals beliebteste Name (nach dem biblischen Johannes). Unter 46 Namen in der Steuerliste von 1471 kommt Hans 20-mal vor, allerdings in Variationen: am häufigsten Hanns (10-mal), auch Hans, Heintz, Hennslin. Wenn man Hans oder Hanns ruft, spielt die Rechtschreibung keine Rolle. Aber wie kann man die bloß alle auseinanderhalten?

Um unterscheiden zu können, gab man den Menschen einen Zusatznamen, durch den man ihn unterscheidbar machte – hier Hanns, der Müller (Hanns Müller) oder Hanns Hecken (der an der Hecke wohnt, der Hanns Heck) oder einfach Hanß Hirt (der das Vieh in den Wald treibt). Eine solche Charakterisierung blieb als Zweitname, also als Nachname dem Träger und seinen Nachkommen erhalten. Häufig handelte es sich um den Beruf. Hans wurde so Vorname und blieb nur selten als Nachname erhalten.

Im Lauf des 16. Jahrhunderts verfestigten sich die Nachnamen, und es bürgerten sich die Namen ein, welche die alten Birkenfelder Familien heute noch tragen: Müller, Schroth, Seufer, Wolfinger, Roth, Höll, Bechtold, Ölschläger, Ilg, Vester.

Birkenfelder Originale

Im Dorf kannten sich früher alle. Manche Menschen, die durch irgendeine besondere Eigenschaft auffielen, wurden als Originale angesehen. Wenn ihre „Taten" besonders interessant oder lustig waren, erzählte man sie auch später noch, als das Original nicht mehr lebte.

Ein Pfarrer mit Hobby Chemie

Im Dreißigjährigen Krieg amtierte hier der Pfarrer Jakob Andreä von 1626 bis 1631. Seine Lieblingstätigkeit war es, chemische Experimente zu machen. Der Vater, auch ein Theologe und Hobby-Chemiker, hatte ihn „angesteckt". Dieser Jakob Andreä war ein Bruder des berühmten Valentin Andreä, der über Jakobs Leben und Tod einige Zeilen hinterlassen hat:

„Im Monat Februar 1631 verlor ich meinen noch einzigen Bruder, Pfarrer zu Birkenfeld, ob durch die Hand eines Räubers oder durch Gespenster, ist ungewiss. Kurz, er wurde mitten in der Nacht getötet, da er 54 Jahre unglücklich, größtenteils unter nichtigen chemischen Versuchen und den Betrügereien einer buhlerischen Frau dahingelebt hatte."

Der Hasewalter

Er hieß Walter Schmidt und war allgemein bekannt als „Hasewalter". In seiner Kindheit hatte er einen Unfall erlitten und eine schwere Krankheit durchgemacht; seitdem war er behindert und konnte auch keinen Beruf ausüben. Mit seinem zweirädrigen Lannekarch ist er durch den Flecken gezockelt und rief aus: „Lompe, Alteise, Lompe, Alteise, Hasefell, Papier!" Verwegen hat er ausgesehen: meistens unrasiert, mit einem gewaltigen Schnurrbart und mit Schielaugen. Auf diese Weise verbrachte er seine Tage und verdiente sich ein paar Mark. Die Kinder haben zwar vor ihm Angst gehabt, aber eigentlich war er recht kinderfreundlich. Obwohl er behindert war, konnte er schlagfertig und witzig sein.

Wenn er durch die Daimlerstraße zockelte, konnte er dem Volkhart, der draußen spielte, zurufen: „Bue, da bring die leer Bierflasch weg; s Pfann derfsch bhalte!" Der kleinen Sabine schenkte er ein Kettchen mit Glasperlen: „Da, Sabine, då hasch e Halspotter für dei Bopp." Wenn er am Haus des Architekten vorbeikam, rief er manchmal: „Heinz, hasch mer net en Stompe?" Meistens bekam er einen, aber so mitten im Geschäft hörte der Architekt ihn nicht immer. Da zockelte der Hasewalter halt weiter und rief aus: „Lompe, Alteise, Architekte, Archidokter, Lompe!"

Einmal, so erzählt man, war er mit seinem Wagen in Pforzheim. Am Leopoldsplatz hielt ihn ein Polizist an und fragte ihn, was in dem Sack sei. „Ha", sagt er, „då hewwe d Regierung drin!" „Die Regierung?", zieht der Polizist seine Augenbrauen hoch, „was soll denn des heiße? Mache Se emal den Sack uff!" Der Hasewalter macht den Sack auf, und der Polizist guckt rein: „Was sage Sie, d Regierung? Ha, das sinn doch Lumpe!" Drauf de Hasewalter ganz seelenruhig: „Des henn awwer Sie gsagt!"

Aus irgendeinem Grund waren alle Birkenfelder mit Vornamen Walter aufs Rathaus geladen worden. Dort nahm ein Beamter von jedem die Personalien auf: „Wie heiße Sie? So, Sie senn also de Walter Schwarz, unn Sie senn de Walter Weiß, unn Sie, wie isch ihr Name? Aha, Walter Groß. Unn du, die kenne, du bisch der Hasewalter." „Hasewalter?", begehrt der auf. „Für Sie bin i emmer no de Herr Schmidt!" Und genau daran musste sich der Beamte halten.

Die schönste Geschichte passierte im April 1945 vor dem Einmarsch der französischen Truppen. Die deutschen Soldaten hatten an verschiedenen Straßen Panzersperren aufgebaut, auch am Kirchweg, wo der Hasewalter gewohnt hat. Als er die Sperre sah, sagte er: „Då brauche die Franzose grad zwei Minute unn oi Stunn, no isch des Glomp fort!" „Wieso grad zwei Minute unn oi Stunn?", fragte einer. „Ha", sagte der Walter, „des isch doch oifach, in zwei Minute schiewe se des Glomp uff d Seit, unn oi Stunn lache se no driwwer!" Und recht hat er gehabt, der Hasewalter.

Auf seine alten Tage hat der Walter nicht mehr allein leben können. Der Bürgermeister, unser Hermann Gross, hat danach geguckt, dass er in ein Altersheim kam. Vielleicht hat's der Walter dort noch eine Weile schön gehabt.

D Stalwer-Luis und der Birkenfelder Fußball

Eine Frau als Original? Ja, und zwar auf dem Fußballplatz. Richard, ihr Sohn, war ein sehr guter Spieler. In der Zeit, als er spielte, gehörte Birkenfeld zu den besten Mannschafen in Baden.

Und die Mutter, Luise, saß bei jedem Heimspiel auf der Tribüne. Diese Tribüne gab es auf dem Fußballplatz „Hinter der Sonne". Heute steht dort das Wohnstift und Pflegeheim.

Wie gesagt, Luise saß auf der Tribüne in der ersten Reihe. Das ganze Spiel hindurch feuerte sie die Birkenfelder Mannschaft mit lauten Zurufen an. Das tat sie besonders, wenn Richard am Ball war: „Auf Kerle, los! Lauf doch, Bue! Gib doch den Ball ab! Schieß! Da hätsch doch abgewwe müsse. Des isch nex gwä." Und „Tor, Tor, Tor!", wenn er getroffen hat. Oft trat sie mit dem Bein auf den Fußboden und spielte selber mit. Das war eben die Stalwer-Luis.

Leider kam 1939 der schreckliche Krieg. Richard und die meisten Spieler wurden eingezogen, und fünf Jahre lang gab es keine Herrenmannschaften mehr. Einige Jahre spielten noch Jugendmannschaften, bis man sich ab 1944 wegen der Flugzeugangriffe nicht mehr so offen im Freien bewegen konnte.

Lustige Zweitnamen oder Spitznamen

Neben den Nachnamen gab es auch häufig Zweitnamen oder Spitznamen. Eine ältere Birkenfelderin hat einmal zwei Schreibmaschinenseiten mit solchen „Zweitnamen" zusammengestellt. Zweitnamen, auch Spitznamen oder Unnamen, beschreiben eine Besonderheit des betreffenden Menschen, manche den Beruf, andere das Aussehen oder ein merkwürdiges Verhalten. Manche dieser Zweitnamen sind einfach lustig, manche kritisieren und spotten.

Ein Mann erzählte vom Krieg: „Tausend Tote hat's gebbe in oinere Nacht, awwer i bin iwwerich bliebe." Schon war er sein Leben lang „der Tausendtote". Ein anderer oder dessen Vater war der „Schmiedsammel" (Samuel, der Schmied). „D Öl-Fixe" hat Öl verkauft. Gespottet wurde über den „Riethe-Gschlamper" und den „Zengeressel-Gärtner (Brennnessel-Gärtner).

Manchmal hieß auch die ganze Familie nach dem Zweitnamen: Ein Mann hieß „De Rehnescht" und die Familie „S' Rehneschte".

Das Zweitwort „De Rehnescht" spottet über einen scheinbar lustigen Vorfall, aber eher war es ein böser Jungenstreich. Einige Kinder mussten ihren Vätern, die als Holzhauer tätig waren, in einem Korb das Mittagessen in den Wald bringen, meistens einen warmen Eintopf. Manche, vor allem die Mädchen, trugen den Korb auf dem Kopf. Da deutete ein Junge zu einer Tannenspitze und sagte zu seinem Kameraden, der den Korb auf dem Kopf trug: „Då guck emål nuff; då owwe isch e Rehnescht!" Der schaute hinauf, und der Korb mit dem Mittagessen flog auf den Boden.

Ob das ganze Essen verdorben war, weiß man nicht mehr, aber der Junge hatte seinen Spitznamen weg

Die Zweitnamen vererbten sich sogar: Der „Rapp-Vetter", 1935 ge-boren, heute noch aktiv als Sänger, war der 4000. Einwohner. Sein Vater hieß aber auch schon so.

Diese alten Zweitnamen sind meistens vergessen, aber man erfindet auch heute noch immer wieder lustige oder auch bösartige Spitznamen.

Etwa ab 1850 begann das Leben der Birkenfelder sich zu ändern. Eine neue Zeit fing an, in der viele ihr Auskommen nicht mehr in der Landwirtschaft suchten, sondern in Pforzheimer Goldwarenfabriken. Davon im nächsten Kapitel „Gute Zeiten, schlechte Zeiten" – bei einem Schnelldurchgang durch die Jahrhunderte (siehe Seite 119). Manches, was ihr auf unserem Gang gehört habt, kann sich dabei wiederholen.

Anfang der Hauptstraße bei der Silcher-Schule

Teil 3

Gute Zeiten, schlechte Zeiten

Durch die Jahrhunderte

Von den Siedlern zum Flecken (7. – 13. Jahrhundert)

Die Jahrhunderte von 600 bis 1300 fassen wir zusammen; denn wir wissen nicht so viel über diese Zeit. Auf jeden Fall mussten die ersten Siedler ganz schön schuften, um zu einer Behausung zu kommen und sich Äcker anzulegen. Aber immerhin gibt es ja die Gräberfunde oberhalb der Gräfenhäuser Straße, die uns einiges verraten. Sie beweisen, dass und wie früh hier Germanen gesiedelt haben. Um diese Zeit sind sie auch Christen geworden. St. Martin in Brötzingen war bis 1490 ihre Kirche (siehe Seite 18).

Ausgrabung 2004

Der Ort wird württembergisch (14. Jahrhundert)

Am Anfang steht die erste bekannte Nennung des Birkenfelder Ortsnamens: Ein Pforzheimer Bürger namens Gotebold Weise besaß den dritten Teil des Zehnten in Birkenfeld. Im April 1302 verkaufte er dieses Drittel mit Genehmigung des Markgrafen von Baden an das Kloster Herrenalb. Hier ein Auszug aus der Urkunde von 1302 (S. 48):

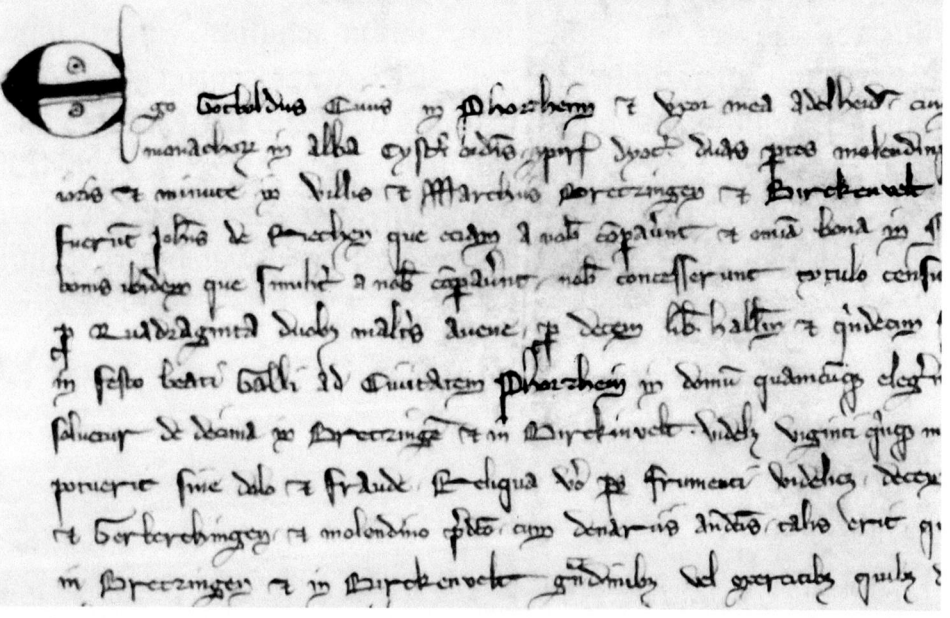

In dieser Urkunde lesen wir nicht nur den Namen Birkenfeld. Wir erfahren auch, dass damals unser Ort mindestens zur Hälfte zu Baden gehörte. Die andere Hälfte gehörte dem Grafen Eberhard von Württemberg.

Wie kommt es dann, dass unser Flecken ganz in württembergische Hand kam? Wer das wissen möchte, muss einfach den nächsten Abschnitt lesen.

Die Verpfändung Birkenfelds

Nun, im Jahr 1322 war der Markgraf Rudolf von Baden knapp bei Kasse. Was tut man, wenn man Geld braucht? Man leiht sich welches. Der Markgraf verpfändete dem Grafen Eberhard um 100 Pfund Heller seine Birkenfelder Hälfte mit allem Drum und Dran – auch mit den Leuten! Diese Summe wollte er fristgerecht nach zwei Jahren zurückzahlen. Sollte der Markgraf oder seine Erben nicht zahlen können, würde sein Teil am Ort Birkenfeld württembergischer Besitz.

Der Markgraf war nach zwei Jahren nicht zahlungsfähig; was wissen wir, wofür der sein Geld ausgab! So wurden wir eben zu 100 Prozent württembergisch.

1332 spricht Graf Ulrich III., der Sohn Eberhards, ohne jede Einschränkung von „unserem" Dorf Birkenfeld. Ob es für uns immer gut war, so in der letzten Ecke von Württemberg zu hocken, wer wagt das heute noch zu sagen?

Dass in Birkenfeld 1332 schon eine Mühle arbeitete, haben wir oben (Seite 26) gesehen.

Graf Ulrich III. von
Württemberg
Photo: Andreas Praefcke

121

Beschwerden beim Grafen (15. Jahrhundert)

Jetzt tritt uns der Flecken Birkenfeld schon recht plastisch vor Augen. Wir erfahren, dass 47 Birkenfelder Bürger im Jahr 1471 Steuern bezahlten, manche mehr, manche weniger, je nach Vermögen – halt genau so wie heute. In einigen Häusern wohnten mehr als zwei Steuerpflichtige; zum Beispiel hatte der Schultheiß einen Knecht, der auch einen geringen Betrag beisteuern musste. Von den Namen auf dieser Steuerliste haben wir schon gehört (siehe Seite 111).

1481 beschwerten sich die Birkenfelder bei Graf Eberhard im Bart über manche Missstände. Sie kritisierten zum Beispiel, dass sie bisher in den Wildbader Thermen umsonst baden durften und jetzt auf einmal Badgeld bezahlen sollten:

„Ebenso sind wir auch durch folgendes belastet. Wenn einer von uns Armen in Wildbad badet – ob Frau oder Mann – so musste der kein Badgeld geben. Da wir aber jetzt Badgeld bezahlen müssen, so bitten wir unseren gnädigsten Herrn aufs gnädigste, es bleiben zu lassen, wie es schon immer war."

Geholfen hat die Bitte um Abhilfe nicht. Das Badgeld bezahlen wir heute noch.

Dass Birkenfeld im Jahr 1490 Pfarrei geworden ist und eine eigene, bescheidene Kirche bekam, haben wir schon gehört und gelesen. Aber man muss sich klar sein, dass dies für die kaum vierzig Familien ein entscheidender Schritt für ihr Leben bedeutete: Der Gang nach Brötzingen zum sonntäglichen Gottesdienst fiel weg und auch der zur Beerdigung der Toten.

Reformation und Grenzsteine (16. Jahrhundert)

Das war ein aufregendes Jahrhundert: Reformationszeit. Martin Luther wich in wichtigen Punkten des Glaubens von der traditionellen Kirche ab. 1517 hat er in Wittenberg seine 95 Thesen veröffentlicht. Er soll sie an die Tür der dortigen Schlosskirche angeschlagen haben. Die Reformation kam sehr schnell in Württemberg an, auch in Birkenfeld.

Die damalige württembergische Regierung ging jedoch gegen die Anhänger Luthers vor. Ein Mathis Schrout (Matthias Schroth) aus Birkenfeld stand deshalb in Stuttgart vor Gericht. Er musste seinem neuen Glauben abschwören und durfte das Oberamt Neuenbürg samt Birkenfeld nie mehr verlassen.

Herzog Ulrich
(1487-1550)

Dies änderte sich jedoch, als Württemberg eine andere Regierung bekam. Der Herzog Ulrich war 1519 vertrieben worden, kam aber 1534 zurück. Sofort führte er in seinem

Herzogtum die Reformation ein. Die Pfarrer mussten ab jetzt wie Martin Luther evangelisch predigen. Der Birkenfelder Pfarrer Johannes Franck war 1520 gekommen, wurde dann evangelisch und blieb bis etwa 1550.

1584 bekam Birkenfeld das erste Rathaus. Das kennt ihr ja bestens. Dieser schöne Fachwerkbau ist heute das älteste Haus im Ort. Vor 1584 wurden die Sitzungen des Rats im Haus des Schultes abgehalten. Der Schultes hatte sicher eine geräumige Stube, sodass der Rat darin Platz fand. Nur ein wohlhabender Bauer konnte damals Schultes (Bürgermeister) werden; denn er bekam kein Gehalt.

Außer dem Historischen Rathaus haben wir keine sehr alten Gebäude mehr. Der Mangel an schönen Häusern aus früherer Zeit beweist, dass Birkenfeld jahrhundertelang eine arme Gemeinde mit keinen großartigen Häusern war. Zum Glück hat sich das in unserer Zeit geändert.

Aus dem Jahr 1567 finden wir an der Markungsgrenze noch wunderschöne steinerne Zeugen aus dem 16. Jahrhundert, älter als das Rathaus: die Grenzsteine zwischen Baden und Württemberg.

Die Landesgrenze und die Grenzsteine

Es lohnt sich, einmal an der früheren Landesgrenze entlang zu marschieren und die Grenzsteine zu besichtigen. Sie haben auf der einen Seite das badische und auf der anderen das württembergische Wappen, außerdem an der Birkenfelder Markung die Jahreszahl 1567 und die laufende Nummer des Steins (1-56). Leider fehlen heute viele Steine; in den letzten dreißig Jahren sind mindestens 15 dieser Kleindenkmale verschwunden.

Den Marsch kann man am Lachenwäldle bei der Nummer 7 beginnen. Der Weg führt zum Dietlinger Steinbruch und dann zurück bis hinter den Erlachwald. Gehzeit etwa 2-3 Stunden. Die Grenze zwischen Baden und Württemberg war eine richtige Landesgrenze mit Zollschranken. Diese Zollschranken standen bis 1836.

Bekannt ist die Geschichte aus dem Jahr 1786. Der Jakob Müller von hier wollte die Juliane Klotz aus Brötzingen heiraten. Der Gemeinderat lehnte ab: Die Brötzinger Verlobte des Müllers sei eine Ausländerin, er solle gefälligst ein hiesiges Mädle zur Frau nehmen! Hier gäbe es genug heiratsfähige Mädchen. Jakob und Juliane haben das Oberamt eingeschaltet und konnten dann heiraten.

Die Grenzsituation blieb im Grunde noch nach dem Ersten Weltkrieg (1918) erhalten.

Ein Gemeinderatsprotokoll von 1919 zeigt, wie lange Baden zu Württemberg immer noch „Ausland" war. Drei Personen ersuchten um eine Aufenthaltsgenehmigung hier auf Dauer. Und was stand auf dem amtlichen Dokument? Bisherige Staatsangehörigkeit: „Baden". Einer davon kam aus Dietlingen!

1930 wurde ein Mann, der zuziehen wollte, abgelehnt. Warum? Er hatte die preußische Staatsangehörigkeit.

Den ganz alten Birkenfeldern ist die Grenzsituation nach 1945 noch deutlich im Gedächtnis: Schlagbaum an der Wildbader Straße zwischen der französischen und der amerikanischen Zone. Wollte man nach Pforzheim gehen, ging das nicht ohne Passierschein (Laissez-Passer). Wurde man ohne gültigen Passierschein erwischt, musste man einen Vormittag lang bei den Franzosen Kartoffeln schälen.

Krieg und Pest (17. Jahrhundert)

Krieg und Pest prägten das Gesicht des 17. Jahrhunderts. Der Dreißigjährige Krieg (1618-1648) war vor dem Zweiten Weltkrieg die schlimmste Zeit in der deutschen Geschichte. Auch unser Ort litt schwer. Er wurde zum Glück nicht völlig zerstört, aber die Mühle brannte ab und die Franzosen plünderten die Kirche. Die Einwohner mussten immer wieder fliehen. 1645 sind drei Birkenfelder Kinder in Neuenbürg geboren worden – deshalb steht im Taufbuch, sie seien „in der Flucht geboren".

Mindestens zweimal wütete die Pest hier. So nahm die Einwohnerzahl bis 1650 stark ab. August Engelhardt schätzte, dass am Ende des Dreißigjährigen Krieges in unserem Ort höchstens 250 Personen lebten. Diese Zahl hatte man zwei Jahrhunderte vorher schon erreicht. Noch 1684 standen hier nur 59 Häuser, vermutlich weniger als hundert Jahre vorher.

Kleidung gegen den Tod, Rom im Jahr 1656

Das Bild auf der rechten Seite zeigt, wie man damals versuchte, sich vor der Pest zu schützen.

„So gehen die Ärzte im Rom umher, wenn sie die anderen, an der Pest erkrankten Personen besuchen. Sie wollen sie kurieren und tragen, um sich vor dem Gift zu sichern, ein langes Gewand aus gewachstem Tuch. Eine Maske verdeckt ihr Gesicht, vor den Augen haben sie eine Brille aus Kristall, vor der Nase einen Schnabel mit wohlriechenden Salben, in der Hand eine lange Rute: mit der zeigen sie, was man tun und was man verwenden soll."

126

Der Doctor Schna- -bel von Rom

Vos Creditis, als eine fabel,
quod scribitur vom Doctor schnabel,
der fugit die Contagion
et autert seinen Lohn darvon.
Cadavera sucht er zu frissen,
gleich wie der Corvus auf der Misten.
Ah Credite, sihet nicht dort hin,
dann Romæ regnat die Pestin.

Quis non deberet sehr erschrec-ken
für seiner Virgul oder stecken,
qua loquitur, als war er stumm
und deutet sein Consilium.
Wie mancher Credit ohne zweifel
das ihn tentir ein schwartzen teuffel.
Marsupium heist seine Höll,
und aurum die geholte seel.

I. Columbina. ad vivum delineavit.   Paulus Fürst Excud.

Kleidung wider den Tod zu Rom. Anno 1656.
Also gehen die Doctores Medici daher zu Rom, wann sie die an der Pest erkranckte Personen besuchen, sie zu curiren und fragen, sich vor dem Gifft zu sichern, ein langes Kleid von gewäxtem Tuch ihr Angesicht ist verlarvt, für den Augen haben sie grosse Crystalline Brillen, wider die Nasen einen langen Schnabel voll wolriechender Specerey, in der Hände welche mit Handschühen wol versehen ist, eine lange Rüthe und darmit deuten sie, was man thun, und gebrauchen soll.

Fremde Soldaten und Streit mit Dietlingen
(18. Jahrhundert)

Einquartierung von Soldaten in Kriegszeiten und die dauernde Auseinandersetzung mit Dietlingen um die gemeinsame Markung prägten das 18. Jahrhundert.

Soldaten im Dorf, das bedeutete Aufnahme und Verpflegung der ungebetenen Gäste in den einzelnen Häusern. Manchmal erhielten die Hausbesitzer nach dem Abmarsch der Soldaten eine kleine Entschädigung aus der Gemeindekasse.

Entführung des Schultes

Die Einquartierungen führten manchmal zu großem Ärger. Wenn es französische Soldaten waren, flohen die Birkenfelder auch schon mal.

1797 kampierten kaiserliche Truppen hier, ein Offizier und 46 Mann – sechs Wochen lang. Die Birkenfelder mussten die Soldaten aufnehmen und verpflegen. Ein Gscheitle verhandelte mit den ihm zugewiesenen Soldaten, sie sollten zu einem Nachbarn gehen. Der hatte nämlich keine Einquartierung. Er gab den Soldaten Geld, um sie loszubekommen. Nachher wollte er vom Schultheiß für seine „Ausgaben" Ersatz. Das ging freilich schief! Er bekam keinen Heller.

Zwei Jahre später raubten die Franzosen zuerst das Dorf aus, dann nahmen sie den Schultheißen Kappus als Geisel und verlangten ein Lösegeld von 350 Gulden – viel Geld! Der französische General ließ schließlich 75 Gulden nach, verlangte aber dann als Belohnung für „seine Gnade" ein gutes Drittel für sich.

Kaum waren die Franzosen verschwunden, kamen wieder kaiserliche Soldaten, zwölf Husaren, und quartierten sich im „Rössle", in der „Krone" und in der „Rose" ein – auch wieder kostenlos! Einige Ausgaben wurden hinterher der Gemeinde und den betroffenen Wirten vom Oberamt ersetzt.

Die gemeinsame Markung von Birkenfeld und Dietlingen reichte vom Erlachwald bis etwa zum Dietlinger Hundesportplatz und zum Steinbruch im Schönbügel. Sie war natürlich Anlass zu Dauerstreit zwischen den beiden Dörfern.

Am Ende der langen Streitereien stand die friedliche Teilung. Aufgrund dieser Teilung gehören die meisten Grundstücke in den ehemaligen Weinbergen heute noch Birkenfelder Bürgern. Die Erzählung, das Erlach falle wieder an Dietlingen zurück, wenn der letzte Baum gefällt würde, ist ein reines Märchen. Das Erlach gehört der Gemeinde Birkenfeld – jedenfalls solange sie es nicht verkauft.

Der „Ochsenkrieg" ist die bekannteste der vielen Streitereien.

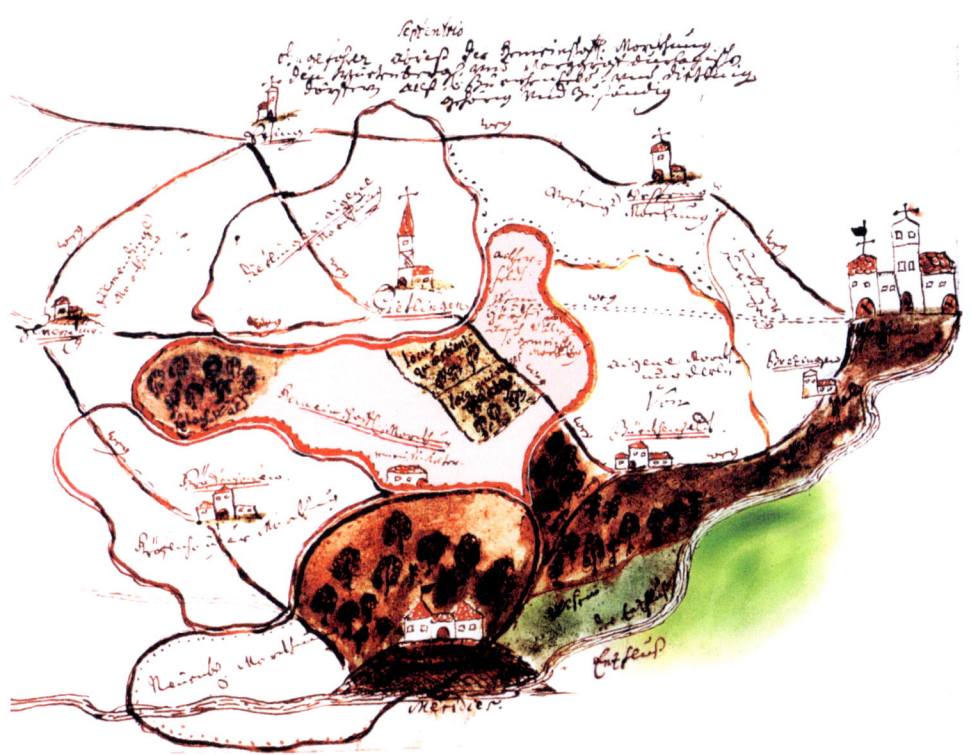

Die Markungen von Birkenfeld und Dietlingen
mit der gemeinsamen Markung (rosa) dazwischen.

Der Ochsenkrieg von 1780

Der Dietlinger Schultheiß überfiel mit zwanzig Einwohnern die Birkenfelder, die im Erlach Erde holen wollten, was verboten war. Die Dietlinger führten den überfallenen Birkenfeldern drei Paar Ochsen weg und zwei Monate später noch einmal ein Paar. Es gab gerichtliche Auseinandersetzungen. Schließlich bekamen die Birkenfelder ihre Ochsen zurück, sie mussten aber Strafe zahlen – dazu Stundenlohn für den Einsatz der zwanzig Dietlinger Ochsentreiber und das Futter für die gekaperten Ochsen!

Einwohnerzahlen

Ab dem 18. Jahrhundert haben wir gesicherte Einwohnerzahlen. 1722 lebten hier 438 Personen. Also hatte sich in den 70 Jahren nach dem 30-jährigen Krieg die Einwohnerzahl fast verdoppelt. In den nächsten hundert Jahren verdoppelte sie sich noch einmal. 1833 zählte man über tausend Einwohner. Wieder hundert Jahre später hat sich die Einwohnerzahl vervierfacht: 1935 zählte man 4000 Einwohner. Vom 4000. Birkenfelder Bürger haben wir gehört (siehe Seite 117). Die Bevölkerungsexplosion begann also am Übergang vom 19. zum 20. Jahrhundert.

Aber ihr möchtet sicher auch wissen, wie viele „Rindviecher" im 18. Jahrhundert in Birkenfeld gehalten wurden. Im Jahr 1723 zählte man bei kaum 100 Häusern 86 Ochsen, 148 Kühe, 186 Schafe, 197 Schweine und 104 Geißen. Man sieht, Großbauern gab es hier nicht.

Gesicherte Einwohnerzahlen
(nach der Ortsgeschichte von Engelhardt)

Jahr	Zahl	Jahr	Zahl	Jahr	Zahl
1722	438	1800	754	1879	1516
1736	469	1825	928	1891	1811
1746	474	1833	1012	1900	2241
1756	505	1843	1082	1905	2615
1766	570	1853	1193	1910	3195
1779	659	1863	1271	1935	4000

Die Goldstadt lockt (19. Jahrhundert)

In der großen Geschichte geschah in Deutschland Bedeutendes. Die Einzelstaaten schlossen sich 1871 zum Deutschen Reich zusammen. An der Spitze stand bis zum Ende des Ersten Weltkriegs der Kaiser. Vieles im Reich vereinheitlichte sich. Zum Beispiel wurden Mark und Pfennig die einzig gültige deutsche Währung. Der Kreuzer hielt sich nur noch im Volksmund für Pfennig.

Dieses Jahrhundert bedeutete aber auch für die Gemeinde Birkenfeld eine Zeit des Wandels. Es brachte den ersten Schritt weg vom Bauerndasein und den Einstieg in die Fabrikarbeit.

Im Frühjahr 1838 schickte zum ersten Mal ein Birkenfelder seinen Sohn nach Pforzheim: Er solle die „Bijouterie" lernen – also Goldschmied werden. Dieses Datum markiert den ersten bedeutenden Wendepunkt in der moderneren Geschichte unseres Ortes. Es begann der Anschluss an die Pforzheimer Schmuckindustrie.

Bei den Goldschmieden auf dem Marktplatz

Der Bau der Enztalbahn 1868 (siehe Seite 12) förderte diese Bindung an Pforzheim. Dieses Jahrhundert brachte aber nicht nur Aufschwung. In der ersten Hälfte trafen zwei Hungerperioden die Bauern außerordentlich hart, und in der zweiten Hälfte gingen die Geschäfte in Pforzheim immer mal wieder schlecht. Die Folge war, dass zahlreiche Birkenfelder nach den USA auswanderten, besonders stark um die Jahrhundertmitte, als ein Hungerjahr das andere ablöste.

Im Schiff bei der Auswanderung

Am Ende dieses 19. Jahrhunderts hatte unser Ort begonnen, sich vom Bauerndorf zur Arbeiterwohngemeinde zu verwandeln. Die Einwohnerzahl wuchs stetig und am Ende des Jahrhunderts wuchs der Ort über den alten Ortskern hinaus (siehe Seite 64).

„Böse Buben" in Birkenfeld

In der Pfarrchronik liest man: „Die Jahre 1881 und 1882 befreiten Birkenfeld von etwa zehn Gutedeln, die zwar ihre Familien der Gemeinde zur Versorgung überließen, aber durch ihre Auswanderung Gutes stifteten." Unter diesen Gutedeln (Schimpfwort!) befand sich auch ein Brandstifter, nach heutiger Terminologie müsste man freilich sagen: ein „mutmaßlicher" Brandstifter. Aber als er verschwunden war, hörten die Brandstiftungen auf. Also war er es auch!

Wenn es so im Dorf zuging, muss man sich dann wundern, wenn auch die noch junge, 1828 erbaute Kirche im Sommer 1875 einem Großbrand zum Opfer fiel? Brandstiftung konnte man jedoch nicht nachweisen. Aber zu dem Zeitpunkt des Kirchenbrands war der mutmaßliche Brandstifter noch im Lande!

Am heutigen Marktplatz nach dem Brand von 1912

Zwei Weltkriege und Aufschwung (20. Jahrhundert)

Dieses wirre Jahrhundert war gleichzeitig auch das letzte Jahrhundert des zweiten Jahrtausends nach Christus. Es begann mit Modernisierungen: Planung und Bau zahlreicher neuer Straßen, Wasserleitung anstelle der Brunnen, elektrisches Licht statt Petroleumlampen, Straßenschilder und Nummernschilder an den Häusern (ab 1914), Telefon, Radio, erste Ansiedlung von Industrie (Dampfwaschanstalt, Zelluloidwaren Schenck, daher Schenckweg), ein Dampfzügle zwischen Pforzheim und Ittersbach (seit 1901).

Panoramabahn von 1901

Die Panoramabahn Pforzheim – Ittersbach

1931 wurde aus dem Dampfzügle eine moderne Straßenbahn, die sogenannte Panoramabahn. Sie war sehr wichtig für die Sonnenbewohner (jetzt auch mit Haltestelle auf der Sonne).

Der Tornado im Jahr 1968 zerstörte die Oberleitung, und nach diesem Ereignis verzichtete man auf die Bahn (was man heute bedauert). In der Zwischenzeit verkehrten schon Omnibusse zwischen Birkenfeld und Pforzheim, auch von der Sonnensiedlung.

Und als alles so schön am Laufen war, begann 1914 der Krieg (bis 1918). Dieser entwickelte sich dann zum vierjährigen Weltkrieg mit schlimmen Hungerjahren in Deutschland und vielen Toten auf allen Seiten. Das Kriegsende führte 1918 zum Sturz des Kaisers mitsamt den Königen und Fürsten in den deutschen Ländern.

Jetzt wurde eine neue Staatsform gegründet: Dem Kaiserreich folgte die Republik, eine Demokratie, in der das Volk ja das Sagen haben soll. Leider kam der neue Staat sofort in schweres Wetter: 1923 machte eine totale Geldentwertung sehr viele Menschen bettelarm. Inflation nannte man diese Geldentwertung.

Geldschein

Kurz bevor die Inflation gestoppt wurde, konnte ein Laib Brot eine Million Mark kosten! Viele, viele Menschen wurden arbeitslos, und Armut herrschte in den meisten Häusern. Jetzt wanderten wieder viele Birkenfelder nach Nordamerika aus.

In dieser Arbeitslosigkeit kam 1933 Hitler mit seiner Partei an die Macht. Er hatte versprochen, die Arbeitslosigkeit zu beenden. Das gelang ihm auch teilweise, aber nur mit Schuldenmachen und mit militärischer Aufrüstung (zur Vorbereitung auf einen Krieg). Er führte dann 1939 Deutschland in den Zweiten Weltkrieg des Jahrhunderts (1939-1945). Dieser wurde viel, viel schlimmer und grausamer als der Erste Weltkrieg – mit noch schlimmeren Verlusten auf allen Seiten. Besonders schrecklich war die Vernichtung von unschuldigen Menschen. Sechs Millionen Juden wurden in deutschen Konzentrationslagern umgebracht.

Auch aus unserer Nachbarschaft lässt sich ein schreckliches Beispiel anführen: Ein Luftangriff am 23. Februar 1945 auf Pforzheim zerstörte den größten Teil der Stadt. Um 18 000 Menschen starben. Unser Ort hatte Glück, dass hier nur einmal Bomben fielen, am 4. Dezember 1944. Zwei Häuser wurden zerstört und die sechs Bewohner kamen dabei um.

Am 10. April 1945 besetzten französische Truppen unseren Ort. Dies geschah einen Monat vor Kriegsende. Auch hier starben Menschen. Auf dem Friedhof stehen acht Ehrenkreuze.

Die Ehrenkreuze für die am Kriegsende Umgekommenen

So war also die erste Hälfte des 20. Jahrhunderts keine Zeit großen Glücks: Zwei Weltkriege, Inflation, Arbeitslosigkeit und Wiederaufbau forderten den Menschen viel ab. Alle diese Geschehnisse werdet ihr erst genauer verstehen, wenn ihr etwas älter geworden seid.

Umso glücklicher entwickelten sich die Jahre ab etwa 1950. Diese Zeit begann mit einer Währungsreform im Jahr 1948: Wir bekamen die berühmte DM (Deutsche Mark), die dann bis zur Einführung des Euro im Jahr 2002 galt. Deutschland erlebte ein Wirtschaftswunder.

DM-Schein und Münzen

Diese zweite Hälfte des 20. Jahrhunderts brachte auch in Birkenfeld einen Wandel. Unter den drei Bürgermeistern Paul Aymar (1945-1955), Hermann Gross (1955-1987) und Reiner Herrmann (1987-2011) entwickelte sich Birkenfeld von der Arbeiterwohngemeinde zum Industriestandort. Der Ort dehnte sich weiter aus, neue Wohnviertel entstanden: Heimig, Krähenbaum, Gründle. Das Jahr 1972 unter dem Bürgermeister Hermann Gross brachte den Zusammenschluss mit Gräfenhausen. So wurde Birkenfeld fast schon eine Kleinstadt.

Die ehemaligen Bürgermeister seit 1945

Paul Aymar (1945-1955)

Hermann Gross (1955-1987)

Reiner Herrmann (1987-2011)

Noch am Anfang – Unser 21. Jahrhundert

Unter Reiner Herrmann erlebte unser Ort den Beginn des neuen Jahrhunderts, gleichzeitig auch den Übergang in das dritte Jahrtausend. Unser Jahrhundert ist noch relativ neu, aber viele von euch sind schon in diesem 21. Jahrhundert geboren.

Reiner Herrmann ging am 31. Juli 2011 in den Ruhestand, und seitdem leitet Martin Steiner als neuer Bürgermeister die Geschicke unseres Ortes.

Wir alle hoffen von ganzem Herzen, dass die Menschen überall in der Welt nach Frieden streben und dass auch unser Heimatort in diesem 21. Jahrhundert vor „Krieg und Pestilenz" behütet werde.

Ganz besonders gelten diese Wünsche euch, den an der Heimatgeschichte interessierten Hanna, Ulrike, Renate, Leon, Mehmet und Matthias, und euren Mitschülern und Mitschülerinnen. Euch allen sei Dank, dass ihr so aufmerksam zugehört und mitgearbeitet habt. Erzählt weiter, was ihr erfahren habt, und vielleicht sehen wir uns wieder im Historischen Rathaus.

In der Ortsmitte

Fragen und Antworten

Frage 1: Und heute? Wie steht es heute mit Bahnhof und Bahn?

Antwort: Auf der Linie Pforzheim-Wildbad verkehrt die Stadtbahn. Der Bahnhof ist geschlossen und das Bahnhofsgebäude ist verkauft. Birkenfeld hat eine Haltestelle und einen Fahrkartenautomaten.

Frage 2: Man sagt, in früheren Zeiten seien die Kirchenglocken wichtiger gewesen als heute. Warum eigentlich?

Antwort: Die Glocken läuteten in alten Zeiten auch, wenn es im Dorf brannte. Dies leistet heute die Sirene. Das Glockenläuten zeigte auch bestimmte Tageszeiten an. Armbanduhren gab es noch nicht. Die Bauern auf dem Felde konnten die Glocken hören und die Arbeit zum Vespern unterbrechen. Die Kinder mussten spätestens beim Abendläuten zu Hause sein.

Frage 3: Manchmal heißen die alten Wege „Gasse", manchmal „Wege". Gasse bedeutet etwas anderes als Weg. Findet den Unterschied heraus!

Antwort: Der Ausdruck „Straße" war nur üblich für größere Straßen von Ort zu Ort. Diese nannte man Landstraßen, z.B. die Alte Pforzheimer Straße, die von der Sonne nach Neuenbürg führte.
Die „Straßen" im Ort hießen Gassen und bekamen den Namen oft nach Handwerkern, die dort ihre Werkstatt hatten, bei uns nur „Schmiedgasse". Alle „Straßen", die aus dem Ort herausführten, hießen „Weg". Das waren bei uns die älteren Gassen: Kirchweg, Mühlweg, Dietlinger Weg, Gräfenhäuser Weg, Burgweg.

Frage 4: Den Namen Mühlweg haben wir verloren, aber im Birkenfelder Wald gibt es noch eine Erinnerung an die Mühle. Wo ist das und was wird damit bezeichnet? Findet es heraus, wenn ihr das nächste Mal hinter dem Friedhof zum „Steinhäusle" geht.

Antwort: Im Wald findet man die kleinen Tafeln, welche die Abteilung anzeigen, z.B. hinter dem Friedhof die Abteilung „Gängerebene". Nimmt man vom Friedhof den Weg zum Pavillon, so sieht man an der Ostseite (linker Hand) die Tafel „Mühlhalde". Die Halde bezeichnet den Abhang ins Enztal – und bei der Enz stand die Mühle.

Frage 5: Welches bekannte Haus fehlt auf unserem Modell von 1527 und warum?

Antwort: Es fehlt das Historische Rathaus; dieses wurde erst 1584 erbaut.

Fragen 6: Denksport - Zu den Häusern und den Einwohnern im Jahr 1527:
a) Wie viele Feuerstellen hätte das Dorf gehabt, wenn alle Häuser nur eine Wohnung gehabt hätten?
b) Wie viele Feuerstellen hätte das Dorf gehabt, wenn alle Häuser zwei Wohnungen gehabt hätten?
c) Wie viele Häuser im Dorf hatten 2 Feuerstellen?
d) In den 132 Häusern lebten zusammen 830 Einwohner. Wie viele Einwohner kamen im Schnitt auf ein Haus?
e) Wie viele Einwohner kamen im Durchschnitt auf eine Feuerstelle (Wohnung)?

Antworten:
a) Bei einer Feuerstelle pro Wohnung hätte das Dorf 132 Häuser gehabt.
b) Bei zwei Feuerstellen pro Wohnungen wären es 264 Häuser gewesen (132 + 132).
c) 175 (Feuerstellen) – 132 (Häuser) = 43 Häuser hatten 2 Feuerstellen.
d) Einwohner pro Haus (im Durchschnitt): 6,3 Einwohner (830 Einwohner : 132 Häuser).
e) Einwohner pro Wohnung (im Durchschnitt): 4,7 Einwohner (830 Einwohner : 175 Wohnungen).

Fragen 7: Was machen die Handwerker oder Händler?

Antworten:
a) Der Schuster (Schuhmacher) stellte damals neue Schuhe her, reparierte aber auch.

b) Der Krämer hat einen Kramladen; er verkaufte einige Lebensmittel, aber auch sonst Dinge für das tägliche Leben, z.B. Nägel, Knöpfe.

c) Der Ziegler stellte Ziegel her; Birkenfeld hatte eine eigene Ziegelei. Die jüngere Straße „Ziegelwasen" auf der Sonne hat ihren Namen danach. Die Ziegelei stand dort in der Nähe.

d) Der Küfer machte Fässer für Wein und Most.

e) Der Kübler hatte etwa den gleichen Beruf wie der Küfer; sein Name kommt vom „Kübel" her, also machte er Holzgefäße.

f) Der Wagner stellte Räder und Fuhrwerke her.

g) Der Feldmesser heißt heute Geometer; er ist für die Abmessung von Grundstücken verantwortlich.

h) Die Bauern schlachteten selbst.

Fragen 8:

a) Wie viele Pfennige machten ein Pfund?

b) Welches Land hat heute noch das Pfund als Zahlungsmittel?

c) Es gibt ein weltbekanntes Land, das noch den Taler hat.

Er wird aber nur so ausgesprochen, jedoch anders geschrieben.

Wie heißt dieses Land?

d) Welcher deutsche Nachname erinnert an den Lehensmann?

Antworten:

a) 240 Pfennige machten ein Pfund.

b) Großbritannien hat heute noch das Pfund als Zahlungsmittel.

c) Die USA haben noch den Taler.

Er wird aber nur so ähnlich ausgesprochen, jedoch anders geschrieben: Dollar (ausgesprochen: Daller).

d) Der Nachname Lehmann erinnert an den Lehensmann.

Liste für die Türkensteuer von 1545